CHRISTINA KEMPE

# *Fingerfood*

CHRISTINA KEMPE

# *Fingerfood*

FOTOS VON ROGGE & JANKOVIC FOTOGRAFEN

KOSMOS

# *Häppchen, Tapas & Fingerfood*

# KLEINE GAUMENFREUDEN *für jeden Geschmack*

VON FEINEN HÄPPCHEN ALS APPETITANREGER ODER TAPAS ZU EINEM GLAS WEIN BIS ZUM GROSSEN FINGERFOOD-BUFFET FÜR VIELE – MIT DEN REZEPTEN AUS DIESEM BUCH SIND SIE FÜR JEDE SITUATION GERÜSTET.

## FÜR JEDEN GESCHMACK

In jeder Esskultur gibt es sie, die kleinen Köstlichkeiten, von denen man nicht genug bekommen kann: klassisches Fingerfood, das mit einem Happs im Mund verschwindet, appetitliche Snacks, die man aus Gläsern löffeln oder gabeln kann – ganz wie die Franzosen ihre Verrines. Tapas aus Spanien, Antipasti aus Italien und feine Kleinigkeiten aus Asien. Einmal probiert, kitzeln sie an unseren Geschmacksnerven und verleiten zu mehr. Dann nehmen Sie sich noch eins! Denn von Häppchen, Tapas und Fingerfood gibt es meist noch mehr.

## FÜR ALLE GELEGENHEITEN

Immer wieder neu kombiniert passen Häppchen zu fast jedem Anlass. Das Glas Wein beim gemütlichen Plausch mit den besten Freundinnen schmeckt gleich noch mal so gut, wenn es auch etwas zum Knabbern gibt. Genießen Sie einen eleganten Abend an einem schön gedeckten Tisch doch mal mit verschiedenen exotischen Kleinigkeiten anstatt mit einem Menü. Und bei einem großen Fest ist ein abwechslungsreiches Fingerfood-Buffet immer beeindruckend. Selbst für den ganz spontanen Häppchen-Hunger gibt es Eingelegtes aus dem Vorrat.

## FÜR FREUNDE UND GÄSTE

Zwei Dinge sind uns bei all unseren Rezepten wichtig: beste frische Zutaten und die Liebe zum Detail. Deshalb gibt es zu fast jedem Häppchen zusätzlich eine Idee, wie Sie es besonders schön in Szene setzen können. Sushi-Häppchen ruhen asiatisch gelassen auf einer schlichten Platte, den Fenchelsalat darf jeder selbst im hübschen Twist-off-Glas schütteln und die BBQ-Chicken-Drums werden originell umwickelt, damit sich beim Essen keiner die Finger schmutzig machen muss. So macht es Spaß, Gäste und Freunde – und auch sich selbst – auf oft ganz einfache Art und Weise ein wenig zu beeindrucken und genussvoll zu verwöhnen.

# EINLADEN

## *Die Vorfreude beginnt*

LASSEN SIE IHRER FANTASIE FREIEN LAUF UND FREUEN SIE SICH SCHON BEI DER EINLADUNG UND DER VORBEREITUNG AUF EINE SCHÖNE ZEIT MIT IHREN GÄSTEN.

**ANLÄSSE GIBT ES GENUG**

Egal, ob Sie mit Ihren besten Freundinnen die mitgebrachte Flasche Wein aus dem Urlaub genießen oder ein großes Partybuffet für viele ausrichten wollen, Häppchen, Tapas und Fingerfood sind dafür perfekt geeignet. Überlegen Sie immer zuerst, zu welcher Gelegenheit Sie einladen möchten, und stellen Sie dann ganz nach Ihrem und dem Geschmack der Gäste eine Auswahl an kleinen Leckereien zusammen. Vielleicht sind Vegetarier darunter, für sie finden Sie in diesem Buch viele Rezepte ganz ohne Fleisch. Bei der Auswahl kann ein bestimmtes Motto oder ein Thema – selbst für die kleinste Party – sehr hilfreich sein. Wie wäre es z.B. mit einem asiatisch inspirierten Abend? Dementsprechend können Sie alles ganz wunderbar aufeinander abstimmen: die Einladung, die Deko, die Gerichte und Getränke. Ein paar Vorschläge für gelungene Kombinationen finden Sie auf Seite 13.

## SCHREIB MAL WIEDER

In Zeiten der schnellen Kommunikation per E-Mail oder SMS ist eine „echte“ Einladung schon fast wieder etwas Besonderes. Dabei kostet es nur wenig Zeit und Mühe, seine Gäste handschriftlich einzuladen. Verwenden Sie z.B. Materialien und Zubehör, das Sie später beim Servieren der Häppchen erneut einsetzen können. So wecken Sie mit einfachen, aber effektvollen Ideen gleichzeitig Vorfreude und Neugierde bei Ihren Gästen:
Schreiben Sie Ort, Datum und Anlass oder Motto auf ein schönes Stück Papier oder Karton und stecken Sie einen hübschen Häppchenspieß durch. Auf Einmalbesteck aus Holz kann man die gleichen Informationen ebenfalls in wenigen Worten unterbringen. Wenn Sie zu einem exotischen oder asiatischen Abend einladen, dann schreiben Sie Ihre Einladung mit Lackstift auf ein Stück Bananenblatt. Und die Einladung zu einem mediterranen Abend im Garten oder auf der Terrasse verstecken Sie in einem kleinen Papierlampion.

## GANZ ENTSPANNT VORBEREITEN

Das Schöne an Häppchen ist, dass sie sich alle wunderbar vorbereiten lassen. Sie können die Zutaten mindestens schon einen Tag vorher einkaufen und haben dadurch am Tag der Einladung genügend Zeit zum Zubereiten. Alle Rezepte sind so konzipiert, dass die leckeren Kleinigkeiten beim Eintreffen Ihrer Gäste entweder bereits ganz fertig sind und nur noch serviert werden müssen. Oder sie warten bereits startklar auf den letzten Schliff – Backen im Ofen, Heißmachen auf dem Herd oder Anrichten – im Kühlschrank. So ist die Küche längst wieder aufgeräumt, wenn die Gäste kommen, und Sie können sich ganz entspannt dazusetzen und gemeinsam genießen.

# DEKORIEREN

## *Das Auge isst mit*

MIT GANZ EINFACHEN MITTELN WERDEN KLEINE, FEINE HÄPPCHEN ZU ECHTEN HINGUCKERN UND SCHMECKEN GLEICH NOCH MAL SO GUT.

Zu fast jedem Rezept in diesem Buch haben wir uns einen schönen Vorschlag zum Dekorieren oder Anrichten ausgedacht. So können Sie die leckeren Kleinigkeiten besonders hübsch auf den Tisch bringen. Es gibt aber noch zahlreiche weitere Ideen. Seien Sie kreativ und schauen Sie einfach mal Ihre Schränke durch, dort findet sich sicher das ein oder andere Zubehör, um die Häppchen stilvoll zu servieren. Oder durchstöbern Sie Antik- und Flohmärkte nach ungewöhnlichem Geschirr. Mittlerweile gibt es aber auch in Kaufhäusern, Haushaltswarengeschäften und via Internet praktisches Mini-Geschirr zu kaufen. Hier einige weitere Anregungen:

### DRAUFLEGEN, EINFÜLLEN, AUFSPIESSEN

In welches Gefäß fülle ich die Kokossuppe oder die Lachsmousse? Worauf präsentiere ich die Crostini? Diese Fragen stellen sich zuallererst. Wozu man dann greift, hängt vor allem von der Form und der Konsistenz des Häppchens ab. Für Flüssiges und Cremiges, aber auch für Salate eignen sich Gläser aller Art sehr gut: Sektschalen, Wein-, Schnaps-, Likör- oder Cocktailgläser. Aber auch Espresso- oder kleine Kaffeetassen in unterschiedlichen Formen und Farben, Twist-off-Gläser, Bügel- oder Einmachgläser, kleine Schälchen und Schüsselchen sehen hübsch aus. Halten Sie Ausschau nach tiefen Tellerchen aus Ton, Keramik, Glas, Holz oder auch Einweggeschirr aus Pappe, Palmblatt oder Bambus. Witzig sind auch Pfannen, Bräter oder Töpfe im Mini-Format – hier können Sie z. B. auf Kinderkochgeschirr zurückgreifen.

Fleisch-, Fisch- oder auch Käsewürfel lassen sich gut auf Spieße aus Bambus, Holz, Metall oder Plastik stecken. Und Gemüsestücke können Sie genauso damit aufspießen. Die Spieße gibt es in unterschiedlichen Längen und Farben und mit hübschen Details wie Griffe aus Muscheln oder mit schlichten Holzkugeln.

Trauen Sie sich, Dinge umzufunktionieren, so entstehen oft ganz ungewöhnliche neue Ideen: Füllen Sie z. B. Dips und Saucen in Behälter für Teelichter oder Eierbecher. Serviettenringe dienen auch als Aufsatzmöglichkeit für Crostini, und Fliesen, Butterdosen oder Seifenschalen können als Mini-Tabletts verwendet werden. Oder setzen Sie Cupcake- oder Muffinformen, hübsche Aludosen, große Muschelschalen oder ausgehöhlte Zitrusfrüchte als Schüsselchen bzw. Schälchen ein.

Oder überraschen Sie mit Geschirr, das man sogar mitessen kann. Dafür aus dünn ausgerolltem Blätter-, Filo- oder Yufkateig Knusperkörbchen backen: Teig in Quadrate schneiden, in die Mulden eines Muffinblechs drücken und im 220 °C heißen Backofen (Umluft 200 °C) in ca. 5 Minuten goldbraun und knusprig backen. Auch feste Salatblätter, z.B. von Radicchio oder Chicorée, oder große Chips können Sie als Gefäße für Dips und Salate benutzen – Dekoration und Genuss in einem.

## BESCHRIFTEN, VERPACKEN, VERZIEREN

Wenn Sie eine besondere Liebe zum Detail oder ein bisschen mehr Zeit haben, dann verleihen Sie den Häppchen zusätzlich noch eine ganz individuelle Note und zaubern Sie mit einfachen, aber effektvollen Tischdekorationen ein genussvolles Ambiente. Ihre Gäste werden Augen machen.
Frische Kräuter liefern aromatische Farbtupfer: Dafür blühenden Schnittlauch, Rosmarin, Lavendel und Thymian in kleine Vasen stecken und mit auf den Tisch stellen. Oder binden Sie kleine Kränze daraus, in die man Tassen oder Gläser setzen kann.
Manschetten aus Papier können Sie selbst gestalten, indem Sie z.B. einen Gruß oder die Namen der Gäste daraufschreiben. Die Manschetten dann um Servietten oder Gläser wickeln und mit Deko-Stickern oder buntem Klebeband befestigen. Die einzelnen Häppchen können auch mit selbst beschrifteten Etiketten versehen werden. Oder Sie basteln Schildchen, die Sie mit einem hübschen Band, Garn, Bast oder einer kleinen Metall- bzw. Holzklammer anbringen. Mini-Tortenspitze – nach Belieben zusätzlich hübsch bemalt oder farbig angesprüht – einfach zwischen Häppchen und Geschirr legen, schon sieht es richtig edel aus. Stoffreste, Stücke von Packpapier oder Tapete können Sie mit groben Stichen bunt umnähen und als Untersetzer oder Tischsets verwenden. Oder kleine Schiefertafeln als Tabletts zweckentfremden und zugleich alles, was damit serviert wird, darauf notieren – wie eine kleine Menüabfolge, sodass jeder Gast weiß, welche Häppchen auf ihn warten.

## AUF KEINEN FALL VERGESSEN

Eines gehört unbedingt zu einem genussvollen Häppchenabend dazu: schöne Servietten. Viele der Häppchen wandern direkt von der Hand in den Mund, da muss man sich auch schnell die Finger wieder sauber wischen können.
Es gibt eine riesige Auswahl an Papierservietten – auch im Mini-Format – in den unterschiedlichsten Farben und mit verschiedensten Mustern. Sie finden sicher etwas, das zu Ihrer Deko passt. Edler sind Stoffservietten, die man z.B. zusätzlich mit Stofffarbe mit den Namen der Gäste bestempeln und dann als „Platzkärtchen" einsetzen kann. Oder schlagen Sie das Besteck darin ein. Mit einem schönen Band umwickelt, bekommt so jeder Gast seine ganz persönliche „Grundausstattung" für einen geselligen Abend.

# GENIESSEN

## *Entspannte Stunden mit Gästen*

HABEN SIE AN ALLES GEDACHT? HIER DIE LETZTEN TIPPS, DAMIT SIE OPTIMAL VORBEREITET SIND UND DIE ZEIT MIT IHREN GÄSTEN IN VOLLEN ZÜGEN GENIESSEN KÖNNEN.

### DIE RICHTIGE MENGE

Ausschlaggebend ist natürlich die Zahl der Gäste. Aber auch der Anlass spielt eine Rolle. Sitzt man bei einem kleinen Umtrunk nur zwei Stündchen zusammen, reichen pro Person vier bis fünf Häppchen. Dauert die Feier den ganzen Abend bis spät in die Nacht hinein, dürfen es durchaus elf, zwölf Snacks sein. Dazu reichen Sie zusätzlich etwas Brot, Cracker oder Grissini – pro Person rechnet man 100–150 g Brot bzw. Gebäck.

### DIE PASSENDEN GETRÄNKE

Nun fehlen noch die entsprechneden Getränke: Zu den Klassikern zählen Weiß-, Rot- und Roséwein sowie Bier. Immer fein ist ein gut gekühlter Prosecco, Sekt oder auch mal Champagner zur Begrüßung. Für mehr Abwechslung finden Sie Rezepte für Drinks mit und ohne Alkohol auf Seite 118/119. Zu asiatischen Snacks passt ein feiner Jasmintee sehr gut oder zu orientalischen Häppchen ein mit eisgekühltem Mineralwasser aufgegossener Minzesirup. Strenge Regeln, was zu was serviert wird, gibt es hier aber nicht – der Geschmack zählt! Bei den Mengen rechnet man 1–2 Gläser Sekt, ¾ Liter Wein oder 1 Liter Bier pro Person. Nicht vergessen: Mindestens 1 Liter Mineralwasser für jeden einplanen.

### EINE GELUNGENE KOMBINATION

Der Fantasie sind natürlich keine Grenzen gesetzt. Blättern Sie durch das Buch, lassen Sie sich inspirieren und probieren Sie aus, was Ihnen und Ihren Gästen schmeckt. Falls Ihnen die Auswahl doch zu schwer fällt, haben wir im Folgenden drei Vorschläge für Häppchen-Kombinationen mit den passenden Getränken und dem richtigen Drumherum für Sie zusammengestellt. Bei der Berechnung der Mengen sind wir immer von einer abendfüllenden Veranstaltung ausgegangen, bei der man sich an den Häppchen satt essen kann. Wer einen süßen Abschluss möchte, lässt einfach eines der vorgeschlagenen Rezepte weg und ersetzt es durch ein Mini-Dessert aus dem letzten Kapitel. Davon reicht man pro Person eine Portion.

**Frühlingsfrischer Abend für 4-6 Personen**

Es grünt und blüht draußen, jetzt schmecken leichte Gerichte mit ganz frischen Zutaten. Dazu passt ein leichter Weiß- oder Roséwein, ein prickelnder Prosecco oder auch eine fruchtige Bowle (Seite 118/119). Scheiben von knusprigem Baguette oder auch selbst gebackene Meersalz-Sesam-Kissen (Seite 77) runden das Angebot ab. Den Tisch decken Sie z.B. mit weißem Geschirr und dekorieren ihn mit Servietten, Kerzen und Blüten in leichten Frühlingsfarben.

· Radieschen-Cracker (Seite 19)
· Lamm-Saté (Seite 48/49)
· Fenchelsalat (Seite 100/101) – halbe Menge
· Spargelterrine (Seite 102/103) – halbe Menge
· Gebeizter Saibling (Seite 108/109)

**In die Ferne schweifen mit 8-10 Personen**

Asiatische und exotische Aromen bestimmen die Auswahl dieser Häppchen. Ein kühles Bier passt sehr gut dazu, aber auch ein grüner Tee oder das Vanille-Aprikosen-Lassi von Seite 119. Die Dips schmecken gut zu Reiscrackern oder Gemüsesticks. Sie können zusätzlich dünnes Fladenbrot reichen oder auch selbst gebackene kleine Gewürzbrote – das Rezept finden Sie auf Seite 77. Als Tischdeko bieten sich große Bananenblätter an, auf die Sie zusätzlich lose ein paar Reiskörner streuen können.

· Sushi-Häppchen (Seite 38/39)
· Knoblauchgarnelen (Seite 40/41)
· BBQ-Chicken-Drums (Seite 42/43)
· Marrakesch-Möhren (Seite 67)
· Heilbutt-Ceviche (Seite 72/73)
· Kräuter-Pita (Seite 92/93)
· Asia-Kokossuppe (Seite 111)
· Koriander-Crème-Fraîche (Seite 52)
· Gurken-Wasabi-Sauce (Seite 53)

**Mediterranes Sommerfest für 12-15 Personen**

So schmeckt der Sommer! Die Auswahl dieser Häppchen ist für ein Buffet gedacht, das Sie drinnen wie draußen anrichten können. In lockerer Atmosphäre nimmt sich jeder, was er mag, und isst direkt im Stehen oder vielleicht auch gemütlich auf einer Picknick-Decke im Garten. Italienische oder französische leichte Rotweine sind tolle Begleiter, aber auch ein selbst gemachter, gut gekühlter Eistee (Seite 118). Ciabatta oder ein Landbrot mit knuspriger Kruste passen gut zu diesen sommerlichen Häppchen. Oder Sie verwöhnen Ihre Gäste mit selbst gebackenen Grissini oder einer Schmant- Focaccia (Seite 77). Viele Kerzen und Deko in leuchtenden Farben lassen Urlaubsstimmung aufkommen. Und wenn Sie die Möglichkeit haben: Hängen Sie draußen eine Lichterkette oder ein paar Lampions auf.

· Mini-Knusper-Pizzen (Seite 33)
· Bruschetta (Seite 84/85)
· Caprese-Spieße (Seite 16/17)
· Mini-Saltimbocca (Seite 50/51)
· Meeresfrüchte-Salat (Seite 70/71)
· Petersilien-Käse (Seite 61)
· Peperonata (Seite 66)
· Oliven-Grissini (Seite 76)
· Paprika-Basilikum-Dip (Seite 52)
· Bunte Spieße (Seite 60) – doppelte Menge
· Ofen-Risotto (Seite 105) – doppelte Menge
· Grüne Gazpacho (Seite 110) – doppelte Menge

# HANDLICH

## *Fingerfood & kleine Snacks*

MESSER UND GABEL SIND HIER NICHT NÖTIG. DIESE HÄPPCHEN WERDEN MIT DEN FINGERN GEGESSEN UND SIND MIT ZWEI, DREI BISSEN IM MUND VERSCHWUNDEN.

# CAPRESE-SPIESSE
## *mit Basilikum-Gremolata*

HIER WERDEN TOMATE UND MOZZARELLA MAL NICHT KLASSISCH SERVIERT, SONDERN AUF HANDLICHE SPIESSE GESTECKT.

**Zutaten für 20 Stück**

- 40 Mini-Mozzarella-Bällchen (ca. 300 g)
- 20 kleine, dattelförmige Strauchtomaten (ca. 400 g)
- 3 Knoblauchzehen
- 2–3 kleine Bio-Zitronen
- 2 große Bund Basilikum (ersatzweise 2 Töpfe Basilikum)
- 4 EL Olivenöl
- Fleur de Sel, Pfeffer aus der Mühle

**besonderes Werkzeug**
- 20 Holz- oder Bambusspieße (ca. 15 cm lang)

**Zeitbedarf**
- ca. 25 Minuten

**So geht's**

1. Mozzarella-Bällchen in einem Sieb abtropfen lassen. Tomaten waschen, quer dritteln und abwechselnd mit den Käse-Bällchen auf die Spieße stecken **[→a]**. Fertige Spieße auf eine große Platte legen, gut abdecken und bis zum Servieren in den Kühlschrank stellen (aber nicht länger als 2–3 Stunden).
2. Für die Gremolata den Knoblauch schälen und in hauchdünne Scheiben schneiden. Die Zitronen heiß waschen, trocken reiben und die Schalen dünn abschälen **[→b]**. Zitronenschale in feine Streifen schneiden. Basilikumblättchen von den Stängeln zupfen und ebenfalls in feine Streifen schneiden. Alles vermischen und mit einem großen, schweren Küchenmesser sehr fein hacken. Die Gremolata bis zum Gebrauch in ein gut verschließbares Gefäß füllen und kalt stellen.
3. Kurz vor dem Servieren Caprese-Spieße mit Öl beträufeln und mit wenig Salz und Pfeffer würzen. Basilikum-Gremolata mit Salz und Pfeffer abschmecken und über die Spieße streuen. Übrige Gremolata in ein Schälchen füllen, sodass die Spieße nach Belieben noch nachgewürzt werden können.

**ANRICHTEN |** KLEINE GLÄSER **Jedes Spießchen z. B. in ein hohes, schmales Schnaps- oder Likörglas stellen. Besteck und Teller sind nicht nötig – einfach einen Stapel kleiner Servietten dazulegen.**

[a]

## DAS IST *wirklich* WICHTIG

**[a] AUFSPIESSEN** Je 1 gedrittelte Tomate so aufspießen, dass sie auf dem Spieß wieder "zusammengesetzt" wird. Dabei zwischen je 2 Tomatendrittel 1 Mozzarella-Bällchen stecken (pro Spieß insgesamt 2 Bällchen). So rutschen die Zutaten nicht wieder vom Spieß.

**[b] DIE ZITRONENSCHALE** so dünn abschälen, dass die darunterliegende weiße, leicht bittere Haut nicht mit entfernt wird. Dafür eignet sich am besten ein kleines, sehr scharfes Messer oder ein Sparschäler.

[b]

# RICOTTA-CRACKER

## *mit Kräutern*

HÄPPCHENWEISE DIE MEDITERRANE KÜCHE GENIESSEN – RICOTTA, AROMATISCHE KRÄUTER UND SONNENGETROCKNETE TOMATEN MACHEN ES MÖGLICH.

**Zutaten für 20 Stück**

- je 5 große Stängel Basilikum und Petersilie
- 2 Stängel Minze (ersatzweise 5 – 10 Blätter Rucola)
- ½ Bio-Zitrone
- 200 g Ricotta
- Salz, Pfeffer aus der Mühle
- 3 große in Öl eingelegte, getrocknete Tomaten
- 2 Frühlingszwiebeln
- 20 runde Cracker oder Brotchips (natur, mit Sesam oder Salz, ca. 6 cm Ø, ersatzweise eckige Cracker)

**Zeitbedarf**
• ca. 20 Minuten

**So geht's**

1. Die Kräuter abbrausen und trocken schütteln, die Blättchen von den Stängeln zupfen und fein hacken. Die Zitrone heiß waschen und abtrocknen, 1 TL Schale fein abreiben, 2 EL Saft auspressen.
2. Alle vorbereiteten Zutaten mit dem Ricotta vermischen. Mit Salz und Pfeffer abschmecken. Die Ricotta-Kräuter-Creme abgedeckt in den Kühlschrank stellen, bis sie gebraucht wird (aber nicht länger als 12 Stunden).
3. Die Tomaten in kleine Würfel schneiden. Die Frühlingszwiebeln waschen, Wurzelbüschel und dunkles Grün entfernen. Den weißen und hellgrünen Teil der Frühlingszwiebeln in feine Ringe schneiden. Beides gut abdecken und ebenfalls kalt stellen.
4. Kurz vor dem Servieren die Ricotta-Kräuter-Creme nochmals durchrühren und auf die Cracker streichen. Tomatenwürfel und Zwiebelringe dekorativ darüberstreuen.

**ANRICHTEN |** RUSTIKALER UNTERGRUND **Die mediterranen Cracker machen sich gut auf einem Untergrund aus Holz, z. B. ein schweres Küchenbrett. Besteck und Teller sind nicht nötig – einfach einen Stapel kleiner Servietten dazulegen.**

# RADIESCHEN-CRACKER
## *mit Gartenkresse*

HIER WERDEN WÜRZIGE AROMEN AUS DEM ORIENT MIT DER FRISCHE VON HEIMISCHEN RADIESCHEN KOMBINIERT. HÄPPCHEN SEI DANK!

**Zutaten für 20 Stück**

- 300 g große Radieschen (ohne Grün)
- 5 Msp. Chilipulver
- ½ TL Kurkumapulver
- 2 TL Schwarzkümmelsamen
- Saft von 1 Limette
- 1 EL Zucker
- Salz, Pfeffer aus der Mühle
- ½ Kästchen Gartenkresse
- 20 runde Cracker oder Brotchips (natur, mit Sesam oder Salz, ca. 6 cm Ø, ersatzweise eckige Cracker)

**Zeitbedarf**
- ca. 20 Minuten
- 4 – 5 Stunden Kühlen

**So geht's**

1. Die Radieschen von den Stiel- und Wurzelansätzen befreien, waschen. Radieschen auf einer Küchenreibe grob raspeln.
2. Geraspelte Radieschen in einer Schüssel mit Chili, Kurkuma, Schwarzkümmel, Limettensaft, Zucker, Salz und Pfeffer würzen und gründlich durchmischen. Abdecken und 4 – 5 Stunden im Kühlschrank ziehen lassen.
3. Die gewürzten Radieschen in ein Sieb geben und den Saft gut ausdrücken. Mit Salz und Pfeffer abschmecken. Die Kresse am besten mit einer Küchenschere vom Kästchen schneiden.
4. Die Radieschen kurz vor dem Servieren in kleinen Häufchen auf den Crackern verteilen. Mit der Kresse garnieren.

**ANRICHTEN** | 1001 NACHT **Um den orientalischen Flair dieser Häppchen noch etwas zu unterstreichen, die Cracker z. B. auf einem silbernen Teetablett oder auf Tellern mit bunten Orientmustern anrichten. Besteck und Teller sind nicht nötig – einfach einen Stapel kleiner Servietten dazulegen.**

[a]

[b]

DAS IST *wirklich* WICHTIG

**[a] TEIGBLÄTTER ZUSCHNEIDEN** Dafür die Teigblätter übereinanderlegen und den runden Rand mit einem Messer gerade schneiden, sodass 3 Teigquadrate entstehen. Diese wiederum jeweils einmal quer und zweimal längs in 6 gleich große Rechtecke (ca. 12 x 25 cm) teilen.

**[b] PÄCKCHEN FORMEN** Zum Füllen und Falten die Teigstücke nacheinander mit einer Schmalseite nach vorne auf die Arbeitsfläche legen. Das untere Drittel nach oben schlagen. Auf das doppelt gelegte Teigstück 1 EL Füllung verteilen. Das obere Teigdrittel darüberklappen und die beiden noch offenen Seiten nach oben falten.

# KNUSPERPÄCKCHEN

## *mit Möhren und Frühlingszwiebeln*

EINFACH IN DIE HAND NEHMEN UND REINBEISSEN. UNTER DER KNUSPERHÜLLE KOMMT DABEI DIE SÜSSLICHE MÖHRENFÜLLUNG ZUM VORSCHEIN.

**Zutaten für 18 Stück**

- 1 große, dicke Möhre (ca. 200 g)
- 4 große Frühlingszwiebeln
- 2 TL Zucker
- Salz, Pfeffer aus der Mühle
- 3 runde Yufka-Teigblätter (ca. 60 cm Ø; ca. 400 g; türk. Lebensmittelladen)
- Olivenöl zum Bestreichen
- Schwarzkümmelsamen zum Bestreuen

**Zeitbedarf**

- ca. 40 Minuten
- 10 – 15 Minuten backen

**So geht's**

1. Ein Backblech mit Backpapier auslegen. Die Möhre schälen, putzen und auf der Küchenreibe grob raspeln. Die Frühlingszwiebeln waschen, Wurzelbüschel und dunkles Grün abschneiden. Den weißen und hellgrünen Teil der Frühlingszwiebeln in feine Ringe schneiden. Beide Gemüse in einer Schüssel mischen und mit Zucker, Salz und Pfeffer würzen.
2. Die Teigblätter in 18 gleich große Rechtecke schneiden **[→a]** und mit einem breiten Küchenpinsel gleichmäßig mit Öl einstreichen.
3. Die zugeschnittenen und geölten Teigstücke nacheinander mit der Möhrenmasse füllen und zu Päckchen falten **[→b]**. Die Päckchen mit der Naht nach unten auf das Blech legen und mit wenig Öl bestreichen. Zum Schluss mit etwas Schwarzkümmel bestreuen. Bis zum Backen abdecken und in den Kühlschrank stellen (aber nicht länger als 1 – 2 Stunden).
4. Vor dem Servieren den Backofen auf 200 °C (Ober- und Unterhitze; Umluft 180 °C) vorheizen. Das Blech in den Ofen (Mitte) schieben und die Päckchen in ca. 15 Minuten knusprig backen. Nach Belieben auf dem Blech kurz abkühlen oder ganz auskühlen lassen. Die Knusperpäckchen schmecken heiß, lauwarm oder kalt.

**ANRICHTEN |** UMWICKELN **Einen zugeschnittenen Streifen Pergamentpapier um die fertigen Knusperpäckchen schlagen und mit einer Büroklammer feststecken. So können die Häppchen zum Servieren z. B. karteikartenartig in flache Dosen oder Kisten gesetzt werden.**

# GEMÜSERÖLLCHEN
## *mit Ingwer-Wasabi-Sauce*

FAST WIE SUSHI KOMMEN DIESE RÖLLCHEN DAHER – NUR GANZ OHNE REIS, DAFÜR MIT REICHLICH GEMÜSE UND MIT IN INGWER MARINIERTEM TOFU.

**Zutaten für 12 Stück**

- 1 Stück Ingwer (ca. 6 cm)
- Saft von 3 Limetten
- 6 EL Sesamöl
- 3 EL (Roh-)Rohrzucker
- Salz, Pfeffer aus der Mühle
- 300 g Natur-Tofu
- 4 Nori-Blätter (ca. 20 x 20 cm)
- 1 große, dicke Möhre (ca. 200 g)
- 2 kleine Chicorée (à ca. 100 g)
- 1 Stück Salatgurke (ca. 200 g)
- 50 g Blattsalat-Mischung
- 1 TL Wasabi-Pulver (Asia-Laden)

**Zeitbedarf**
- ca. 45 Minuten

**So geht's**

1. Den Ingwer schälen und sehr fein hacken. Mit Limettensaft, Öl und Zucker zu einer Marinade verrühren und mit Salz und Pfeffer würzen. Den Tofu quer in ca. 1 cm dicke Scheiben schneiden und diese längs halbieren. Die Tofustreifen nebeneinander in eine flache Form legen und mit der Ingwermarinade begießen. Abdecken und durchziehen lassen.
2. Inzwischen die Nori-Blätter mit einer Küchenschere jeweils in 3 gleich breite, lange Streifen schneiden. Die Möhre putzen, schälen und in feine Streifen schneiden **[→a]**. Chicorée waschen, äußere welke Blätter entfernen. Die Kolben längs halbieren, dann die Hälften quer in feine Streifen schneiden, dabei die Strünke nicht mitverwenden. Gurke schälen, längs halbieren und die Kerne mit einem Teelöffel herausschaben. Die Hälften längs ebenfalls in sehr dünne Streifen schneiden. Blattsalat-Mischung waschen und gut abtropfen lassen, große Blätter bei Bedarf kleiner zupfen.
3. Um die Röllchen zu formen, die Nori-Blatt-Streifen nacheinander mit der glänzenden Seite nach unten und der Schmalseite nach vorne auf die Arbeitsfläche legen. Nori-Blätter mit den vorbereiteten Zutaten belegen, etwas salzen und pfeffern, mit der Marinade beträufeln und aufrollen **[→b]**. Die Röllchen mit den Nahtstellen nach unten auf eine Platte legen, bis zum Servieren abdecken und in den Kühlschrank stellen (aber nicht länger als 1 Stunde).
4. Die übrige Ingwermarinade mit Wasabi-Pulver zu einer Sauce verrühren, mit Salz abschmecken. Abdecken und kalt stellen.

**ANRICHTEN |** JAPANISCH SCHLICHT **Die japanisch angehauchten Häppchen auf dezentes Geschirr, z. B. rechteckige weiße Servierplatten oder dicke Fliesen, setzen. Die Ingwer-Wasabi-Sauce zum Dippen auf mehrere Mini-Schälchen verteilen und dazu reichen.**

## DAS IST *wirklich* WICHTIG

**[a] MÖHRE FEIN SCHNEIDEN** Von der geschälten Möhre mit einem Sparschäler möglichst dünne Scheiben abziehen. Die Scheiben quer dritteln, dann portionsweise übereinanderlegen und mit einem Messer längs in sehr feine Streifen schneiden.

**[b] RÖLLCHEN FORMEN** Einige Möhren-, Chicorée- und Gurkenstreifen parallel zur Schmalseite auf einem Nori-Blatt-Streifen verteilen, dabei oben und unten einen Rand aussparen. Etwas von der Blattsalat-Mischung daraufstreuen. Salzen, pfeffern und mit wenig Ingwermarinade beträufeln. Jeweils 1 – 2 marinierte Tofustreifen an das Ende einer Schmalseite legen und den Nori-Blatt-Streifen von dort aus straff aufrollen.

DAS IST *wirklich* WICHTIG

**[a] FÖRMCHEN AUSKLEIDEN** Die Teigbrösel mit den Fingern in den Förmchen zu einem glatten Teig zusammendrücken, sodass der Rand und der Boden vollständig damit bedeckt sind. Dabei möglichst zügig arbeiten, denn umso schneller der Teig verarbeitet wird, umso mürber backt er später.

# DREI-KÄSE-TARTELETTES *mit Radicchio*

DER KNUSPRIG-MÜRBE TEIGBODEN GEPAART MIT ZARTSCHMELZENDEM KÄSE UND KRÄFTIGEM RADICCHIO PASST BESONDERS GUT ZU EINEM GLAS WEIN.

**Zutaten für 8 Stück**

- weiche Butter für die Förmchen
- 200 g Mehl
- 130 g kalte Butter
- Salz
- 1 Radicchio (ca. 200 g)
- 1 große Schalotte
- 2 große Zweige Thymian oder 2 kleine Zweige Rosmarin
- 2 TL Zucker
- Pfeffer aus der Mühle
- 1 Kugel Mozzarella (125 g)
- 200 g Ricotta
- 50 g frisch geriebener Parmesan

**besonderes Werkzeug**

- 8 Tartelettes-Förmchen (ca. 10 cm Ø, mit glattem Rand)

**Zeitbedarf**

- ca. 1 Stunde
- 15 Minuten backen

**So geht's**

1. Tarteletts-Förmchen dünn mit Butter einfetten. Für den Teig Mehl, 100 g Butter in ganz kleinen Flöckchen, ½ TL Salz und 5–6 EL kaltes Wasser in eine Schüssel geben und alles mit den Quirlen des Handrührgeräts so lange rühren, bis grobe Teigbrösel entstehen. Teigbrösel auf die Förmchen verteilen und festdrücken **[→a]**. Mit Teig ausgekleidete Förmchen in den Kühlschrank stellen.
2. Für die Füllung Radicchio vierteln, putzen und die Viertel quer in 1–2 cm breite Streifen schneiden. Schalotte schälen und fein würfeln. Thymian oder Rosmarin abbrausen und trocken schütteln, die Blättchen abzupfen. Rosmarin grob hacken.
3. Übrige Butter in einer Pfanne zerlassen. Die Schalotte und den Thymian oder Rosmarin darin andünsten, den Radicchio dazugeben und unter Rühren bei starker Hitze 1 Minute braten. Den Zucker darüberstreuen und karamellisieren lassen. Alles mit Salz und Pfeffer würzen und in eine Schüssel füllen, kurz abkühlen lassen. Mozzarella klein würfeln und mit dem Radicchio vermengen.
4. Ricotta auf die Teigböden verteilen und verstreichen. Darauf die Radicchio-Mozzarella-Mischung geben, flach drücken und mit Parmesan bestreuen. Tartelettes gut abdecken und bis kurz vor dem Backen in den Kühlschrank stellen (geht auch über Nacht).
5. Backofen auf 200 °C (Ober- und Unterhitze; Umluft 180 °C) vorheizen. Förmchen in den Ofen (Mitte) stellen und die Tartelettes in ca. 15 Minuten goldbraun und knusprig backen. Aus dem Ofen nehmen, ca. 5 Minuten ruhen lassen, dann vorsichtig aus den Förmchen lösen. Die Tartelettes schmecken heiß oder lauwarm.

**ANRICHTEN |** MIT SPITZE **Tartelettes auf kleine Tortenspitzen setzen und jeweils mit einem hübschen Band umschnüren, dabei kleine Kräuterzweige mit einbinden.**

# GLÜCKSROLLEN

## *mit scharfem Dip*

DIESE LEICHTEN UND FRISCHEN HÄPPCHEN LASSEN IHREN GÄSTEN ALLEIN SCHON DURCH DEN DUFT UND ANBLICK DAS WASSER IM MUND ZUSAMMENLAUFEN.

### Zutaten für 16 Stück

- 100 g frische Mungbohnensprossen
- 60 g feine Glasnudeln
- 100 g geschälte, gegarte Garnelen
- 2 EL frisch gepresster Limettensaft, 2 Möhren
- 1 Stück Salatgurke (ca. 200 g)
- 6 kleine rote Thai-Zwiebeln (Asia-Laden)
- je 2 Stängel Thai-Minze und Thai-Basilikum (Asia-Laden)
- 1 Bund Koriandergrün
- 1 Knoblauchzehe
- 1 rote Chilischote, 3 EL Reisessig
- 1 EL helle Sojasauce
- 3 EL Zucker, 1 TL Salz
- 16 runde Reispapierblätter (ca. 16 cm Ø)
- 1–2 EL geröstete, gesalzene Erdnüsse (nach Belieben)

### Zeitbedarf

- ca. 1 Stunde

### So geht's

1. In einem kleinen Topf Wasser aufkochen, Topf vom Herd nehmen. Die Sprossen ins Wasser geben und kurz untertauchen. Mit einem Schaumlöffel herausheben, in ein Sieb geben, kalt abschrecken und gut abtropfen lassen. Jetzt die Glasnudeln in das heiße Wasser geben und 4–5 Minuten ziehen lassen, bis sie geschmeidig sind, dann in ein Sieb abgießen, abschrecken und abtropfen lassen.
2. Garnelen in ca. 1 cm große Stücke schneiden, mit dem Limettensaft vermischen. Möhren schälen und in möglichst feine Streifen schneiden (s. Seite 22/23). Die Gurke schälen, längs halbieren und die Kerne mit einem Löffel herausschaben. Gurke klein würfeln. Zwiebeln schälen und in feine Ringe schneiden. Kräuter abbrausen und trocken schütteln, die Blättchen abzupfen und grob hacken. Alle vorbereiteten Zutaten bis zur weiteren Verwendung kalt stellen (aber nicht länger als 2–3 Stunden).
3. Für den Dip den Knoblauch schälen, die Chili waschen und putzen. Beides fein hacken und mit 50 ml Wasser, Reisessig, Sojasauce, Zucker und Salz in einem kleinen Topf aufkochen, bis sich der Zucker aufgelöst hat. Vom Herd nehmen, auskühlen lassen.
4. Kurz vor dem Servieren jeweils 1 Reisblatt für ca. 30 Sekunden in lauwarmes Wasser tauchen, bis es gerade anfängt weich zu werden, anschließend mit Sprossen, Nudeln, Garnelen, Möhren, Gurke, Zwiebeln und Kräutern belegen und aufrollen **[→a+b]**. Mit den restlichen Reisblättern und Zutaten ebenso verfahren. Nach Belieben Erdnüsse fein hacken und unter den Dip mischen.

**ANRICHTEN** | MIT EINBLICK **Die farbenfrohe und frische Füllung der Glücksrollen ist besonders schön. Damit sie richtig zur Geltung kommt, Rollen einmal quer durchneiden und z. B. auf eine Platte stellen oder legen. Den Dip auf kleine Schälchen verteilen und dazu reichen.**

DAS IST *wirklich* WICHTIG

**[a] ROLLEN FORMEN SCHRITT 1**
Zutaten auf die untere Mitte jedes Reispapierblattes legen, dabei einen Rand aussparen.

**[b] ROLLEN FORMEN SCHRITT 2**
Zwei Blattseiten rechts und links über die Füllung schlagen, dann von unten nach oben behutsam, aber fest aufrollen.

DAS IST *wirklich* WICHTIG

**[a] TORTILLA BELEGEN** Dabei rundum einen ca. 2 cm breiten Rand frei lassen, damit die Füllung seitlich nicht ausläuft, wenn die zweite Tortilla aufgelegt und angedrückt wird.

[a]

# QUESADILLAS
## *mit Avocado und Tomatensalsa*

MIT EINER PACKUNG TORTILLAS AUS DEM VORRAT IST DIESES FINGER-FOOD AUCH FÜR SPONTANE GÄSTE GANZ SCHNELL ZUBEREITET.

**Zutaten für 16 Stück**

- 2 reife Avocados
- Olivenöl zum Bestreichen
- Limettensaft zum Bestreichen
- Salz, Pfeffer aus der Mühle
- 200 g Käse (z. B. Mischung aus Feta und Manchego)
- 6 Frühlingszwiebeln
- 3 rote Chilischoten
- 2 Tomaten (ca. 150 g)
- 2 Knoblauchzehen
- 2 EL Weißweinessig
- 3 EL Olivenöl
- 8 Weizentortilla (Fertigprodukt, ca. 21 cm Ø)

**Zeitbedarf**

- ca. 30 Minuten

**So geht's**

1. Den Backofengrill anschalten. Die Avocados rundherum bis zum Kern einschneiden. Die Hälften gegeneinander drehen und so voneinander lösen. Die Kerne herauslösen und das Fruchtfleisch mit einem Löffel am Stück herausheben oder die Hälften schälen. Das Fruchtfleisch längs in ½ cm breite Scheiben schneiden, mit Olivenöl und Limettensaft bestreichen und 1 – 2 Minuten von beiden Seiten im Backofen grillen. Mit Salz und Pfeffer würzen.
2. Käse reiben bzw. klein würfeln. Frühlingszwiebeln waschen und putzen. 4 Frühlingszwiebeln in feine Ringe schneiden, die übrigen fein hacken. Chilis waschen, längs halbieren, Stielansatz und Kerne entfernen und die Schoten fein würfeln.
3. Für die Salsa aus den Tomaten den Stielansatz herausschneiden. Die Tomaten in einer Schüssel überbrühen. Wenn die Haut anfängt sich zu lösen, Tomaten abgießen und abschrecken, dann häuten, entkernen und würfeln. Knoblauch schälen und fein hacken. Tomaten mit Knoblauch, gehackten Frühlingszwiebeln, etwas Chili, Essig und Öl vermischen und mit Salz und Pfeffer würzen.
4. Eine Pfanne bei mittlere Hitze aufheizen. 1 Tortilla hineinlegen und mit etwas Käsemischung bestreuen. Avocadoscheiben, Frühlingszwiebelringe und Chiliwürfel darauf verteilen und wieder etwas Käse darüberstreuen [→a]. Eine zweite Tortilla auflegen und festdrücken. Wenn der Käse zu schmelzen beginnt, die Quesadilla vorsichtig wenden und so lange weiterbraten, bis der Käse vollständig geschmolzen ist. Aus der Pfanne nehmen und in 4 Stücke teilen. Mit den übrigen Tortillas ebenso verfahren. Die Quesadillas schmecken warm oder kalt.

**ANRICHTEN |** FRISCHE NOTE **Quesadilla-Viertel mit Limettenschnitzen auf einer Platte servieren. Das sieht schön frisch aus und der Saft gibt extra Würze. Die Salsa z. B. in mehrere kleine, bunte Einmalförmchen füllen und dazustellen.**

# WEINBLÄTTER
## *mit Tomaten-Ziegenkäse-Füllung*

DIESE RAFFINIERTEN TÖRTCHEN HABEN EINE HÜLLE AUS FEIN SÄUERLICHEN WEINBLÄTTERN, IN DER EINE SAHNIGE ZIEGENKÄSEFÜLLUNG STECKT.

**Zutaten für 12 Stück**

- 24 kleine eingelegte Weinblätter (Dose oder Glas; türk. Lebensmittelladen)
- Öl für das Blech (nach Bedarf)
- 300 g Kirschtomaten
- 6 Stängel Petersilie
- Salz, Pfeffer aus der Mühle
- 200 g Ziegenfrischkäserolle
- 400 g Sahne
- 4 Eigelb (Größe M)
- 2 EL Pinienkerne

**besonderes Werkzeug**

- 12er-Muffinblech (antihaftbeschichtet)
- Pürierstab

**Zeitbedarf**

- ca. 35 Minuten
- ca. 40 Minuten backen

**So geht's**

1. Weinblätter aus der Salzlake nehmen und kurz abbrausen, damit die Törtchen nicht zu salzig werden. Blätter trocken tupfen und die Stiele mit einer Küchenschere abknipsen. Die Mulden des Muffinblechs mit den Blättern auskleiden [→a]. Mulden von unbeschichteten Blechen vorher mit Öl einpinseln.
2. Die Tomaten waschen und vierteln. Petersilie abbrausen und trocken schütteln, die Blättchen abzupfen und fein hacken. Beides vermischen und mit Salz und Pfeffer würzen.
3. Den Ziegenkäse nicht zu fein zerbröckeln und zwei Drittel davon mit der Tomaten-Petersilien-Mischung vorsichtig vermengen und auf die Mulden des Blechs verteilen. Restlichen Käse mit Sahne und Eigelben mit dem Pürierstab fein zerkleinern, salzen und pfeffern und über die Füllung in den Mulden gießen.
4. Die überstehenden Blattspitzen der Weinblätter über die Füllung biegen und leicht eindrücken, die Pinienkerne aufstreuen. Gut abdecken und bis zum Backen in den Kühlschrank stellen (aber nicht länger als 1–2 Stunden).
5. Den Backofen auf 180 °C (Ober- und Unterhitze; Umluft 160 °C) vorheizen. Blech in den Ofen (Mitte) schieben und die Törtchen ca. 40 Minuten backen, bis die Füllung fest und goldbraun ist. Herausnehmen und auskühlen lassen, dann die Törtchen vorsichtig aus dem Blech heben.

**DEKORIEREN** | FRISCHE WEINBLÄTTER **von Weinreben aus dem Garten oder vom netten Nachbarn um die Törtchen herumlegen. Im Herbst, wenn die Weinblätter bunt sind, sehen sie auch als Unterlage für die Törtchen schön aus.**

DAS IST *wirklich* WICHTIG

**[a] MUFFINBLECH AUSKLEIDEN**
Jeweils 2 Weinblätter überlappend in eine Mulde des Muffinblechs drücken, dabei rundum noch ein paar Blattspitzen frei nach oben stehen lassen. Die Muldenböden sollten komplett mit den Blättern bedeckt sein, damit sich die Törtchen später gut aus dem Blech lösen lassen.

[a]

# BLÄTTERTEIGECKEN

## *mit Ricotta-Füllung*

OB LAUWARM ODER GANZ AUSGEKÜHLT – KNUSPRIGE BLÄTTERTEIGECKEN SIND SCHNELL GEMACHT UND SCHMECKEN IMMER. UNBEDINGT PROBIEREN!

**Zutaten für 16 Stück**

- 8 quadratische TK-Blätterteigplatten (ca. 12 x 12 cm; ca. 370 g)
- 8 Frühlingszwiebeln
- 200 g Ricotta
- 1 TL fein abgeriebene Bio-Zitronenschale
- Salz, Pfeffer aus der Mühle
- 1 Eigelb (Größe M)
- 2 EL Milch oder Sahne
- 2–3 EL frische Rosmarinblättchen

**Zeitbedarf**
- ca. 30 Minuten
- ca. 15 Minuten backen

**So geht's**

1. Ein Backblech mit Backpapier auslegen. Die Blätterteigplatten nebeneinander auf die Arbeitsfläche legen und auftauen lassen.
2. Inzwischen die Frühlingszwiebeln waschen, Wurzelbüschel und dunkles Grün entfernen. Den weißen und hellgrünen Teil der Zwiebeln in feine Ringe schneiden. Für die Füllung Zwiebelringe mit Ricotta und Zitronenschale vermengen, salzen und pfeffern. Eigelb mit Milch oder Sahne glatt rühren.
3. Den Backofen auf 200 °C (Ober- und Unterhitze; Umluft 180 °C) vorheizen. Die Blätterteigplatten diagonal in Dreiecke teilen, dafür ein scharfes Messer oder einen Teigroller verwenden, damit die Schnitte glatt sind. Nur so geht der Teig später im Ofen schön auf
4. Jeweils ca. 1 gehäuften TL Füllung in der Mitte jedes Blätterteigecks verteilen, dabei rundherum einen ca. 1 cm breiten Rand frei lassen. Den Teigrand mit etwas angerührtem Eigelb bepinseln. Teig über der Mitte zusammenklappen, sodass wieder ein Dreieck entsteht. Die Ränder gut zusammendrücken. Gefüllte Teigecken auf das Blech legen. Dünn mit Eigelb bepinseln und die Rosmarinblättchen darüberstreuen. Im Ofen (Mitte) in ca. 15 Minuten goldbraun und knusprig backen.
5. Blätterteigecken aus dem Ofen nehmen und etwas abkühlen oder komplett auskühlen lassen.

**ANRICHTEN |** SCHÖNE BEDRUCKTE STOFFE, **grobe Leinenstoffe oder Geschirrtücher halten die Blätterteigecken warm. Dafür einfach mehrere kleine Körbchen damit auslegen, Blätterteigecken hineinlegen und die Stoffe oder Tücher darüberschlagen.**

# MINI-KNUSPER-PIZZEN

## *mit italienischem Schinken*

PIZZA EINMAL GANZ ANDERS: STATT EINEM GROSSEN HEFETEIGFLADEN WERDEN KLEINE BLÄTTERTEIGECKEN FEIN BELEGT UND LUFTIG-KNUSPRIG GEBACKEN.

**Zutaten für 16 Stück**

- 4 quadratische TK-Blätterteigplatten (ca. 12 x 12 cm; ca. 180 g)
- 8 Kirschtomaten (ca. 150 g)
- ½ Kugel Mozzarella (ca. 60 g)
- 5 dünne Scheiben Coppa oder Pancetta (ca. 30 g; Wursttheke oder Feinkostladen; ersatzweise Frühstücksspeck)
- 1 Knoblauchzehe
- ½ TL Chiliflakes
- 4 EL Olivenöl
- Fleur de Sel
- Basilikumblättchen zum Garnieren

**Zeitbedarf**

- ca. 20 Minuten
- ca. 13 Minuten backen

**So geht's**

1. Ein Backblech mit Backpapier auslegen. Die Teigplatten nebeneinander darauflegen und auftauen lassen. Inzwischen die Tomaten waschen und vierteln, den Mozzarella klein würfeln, Coppa oder Pancetta in kleine Stücke zupfen. Den Knoblauch schälen, durch die Presse drücken und mit Chiliflakes und Öl verrühren, abdecken und beiseitestellen.
2. Die aufgetauten Teigplatten jeweils in 4 Quadrate schneiden, dafür ein scharfes Messer oder einen Teigroller verwenden, damit die Schnitte glatt sind. Nur so geht der Teig später im Ofen schön auf. Quadrate mindestens 3 cm auseinanderziehen.
3. Je 2 Tomatenviertel in die Mitte der Teigquadrate setzen und leicht andrücken. Dann den Mozzarella darüber verteilen und zum Schluss mit Coppa oder Pancetta belegen. Dabei den Belag möglichst in der Mitte halten, sodass die Teigränder frei bleiben und schön aufgehen und knusprig werden können. Das Backblech abdecken und bis kurz vor dem Backen in den Kühlschrank stellen (aber nicht länger als 3–4 Stunden).
4. Den Backofen auf 220 °C (Ober- und Unterhitze; Umluft 200 °C) vorheizen. Mini-Pizzen mit Chili-Öl beträufeln und mit Fleur de Sel bestreuen. Im Ofen (Mitte) in ca. 13 Minuten knusprig backen. Mit Basilikumblättchen garnieren.

**DEKORIEREN** | FÄHNCHEN **Richten Sie die Mini-Pizzen ganz schlicht auf frischen Stücken Backpapier an. Für Deko-Fähnchen z. B. 16 mal „Buon appetito!" in Großbuchstaben am Computer tippen und in den italienischen Nationalfarben ausdrucken. Daraus 16 Papierstreifen (ca. 3 x 8 cm) ausschneiden und je um ein Ende eines Zahnstocher legen und festkleben. Die Fähnchen in die Pizzen stecken.**

DAS IST *wirklich* WICHTIG

**[a] PILZE FÜLLEN** Pilzköpfe mit der Unterseite nach oben in die Förmchen setzen. Zuerst nur ein wenig der Pilz-Parmesan-Mischung mit zwei Teelöffeln in die Champignonköpfe geben und andrücken. Anschließend die übrige Mischung daraufhäufen.

[a]

# OFEN-CHAMPIGNONS

## *mit Knusper-Parmesan-Füllung*

DIESE PILZE AUS DEM OFEN SIND GENAU DAS RICHTIGE, UM SIE SCHNELL IN DEN MUND ZU SCHIEBEN – WÜRZIG, SAFTIG, KNUSPRIG ... EINFACH HMMMM!

**Zutaten für 12 Stück**

- 2 Scheiben Toastbrot
- 2 Knoblauchzehen
- ½ großes Bund Petersilie
- 2 Frühlingszwiebeln
- 12 große weiße oder braune Champignons (5 – 6 cm Ø)
- 2 EL Butter
- 2 EL Olivenöl
- 50 g frisch geriebener Parmesan
- Salz, Pfeffer aus der Mühle

**besonderes Werkzeug**

- 12 Papier-Muffinförmchen

**Zeitbedarf**

- ca. 25 Minuten
- ca. 15 Minuten gratinieren

**So geht's**

1. Das Toastbrot mit den Fingern fein zerkrümeln. Den Knoblauch schälen und durch eine Presse drücken. Die Petersilie abbrausen und trocken schütteln, die Blättchen abzupfen und fein hacken. Frühlingszwiebeln waschen, putzen und in feine Ringe schneiden.
2. Die Champignons mit einem feuchten Küchenpapier sauber abreiben. Die Pilzstiele mit den Fingern am Ansatz greifen, leicht knicken und herausdrehen. Von den Stielen die Enden knapp abschneiden und die Stiele fein würfeln.
3. In einer großen beschichteten Pfanne die Butter zerlassen. Brotbrösel darin unter Rühren bei starker Hitze goldbraun rösten, in eine Schüssel füllen. Öl in die Pfanne geben und erhitzen. Pilzstiele, Knoblauch, Petersilie und Frühlingszwiebeln darin 1 Minute braten. Pfanneninhalt und Parmesan zu den Bröseln in die Schüssel geben und vermischen. Mit Salz und Pfeffer würzen.
4. Muffinförmchen auf einem Backblech verteilen. Die Pilzköpfe in die Förmchen setzen und mit der Brösel-Parmesan-Mischung füllen – dabei kann auch etwas von den Bröseln auf den Boden der Förmchen fallen [→a]. Abdecken und bis kurz vor dem Backen in den Kühlschrank stellen (aber nicht länger als 3 – 4 Stunden).
5. Den Backofen auf 220 °C (Ober- und Unterhitze; Umluft 200 °C) vorheizen. Das Backblech in den Ofen (Mitte) schieben und die Champignons in ca. 10 Minuten goldbraun gratinieren. Die Pilze schmecken am besten heiß oder lauwarm.

**ANRICHTEN |** MUFFINFÖRMCHEN **gibt es ganz nach Belieben in vielen Farben und mit verschiedenen Mustern bedruckt. Dadurch werden die Häppchen fast schon selbst zu einem Dekorationselement auf dem Buffet oder Tisch.**

# BUNTE SALATE

*schnell kombiniert*

SALATE IN ALLEN VARIATIONEN SIND SCHNELL GEMACHT UND EINE WILLKOMMENE ERGÄNZUNG FÜR JEDES HÄPPCHENBUFFET.

Im Folgenden finden Sie abwechslungsreiche Ideen, wie Sie ganz leicht immer wieder neue Salate zusammenstellen können. Einfach die Basis auswählen – Reis, Nudeln, Kartoffeln, Bulgur oder Couscous – und vorbereiten (es können hier auch gut gegarte Reste vom Vortag verwendet werden), dann nur noch eine Geschmacksvariante auswählen und zubereiten und beides zu einem Salat vereinen.

Den fertigen Salat vor dem Anrichten noch mindestens 30 Minuten durchziehen lassen, damit er ein intensives Aroma bekommt. Alle Kombinationen ergeben 6–8 Häppchen-Portionen. Vor dem Servieren den Salat nochmals durchrühren, abschmecken und z. B. in kleinen Schälchen oder Gläschen anrichten.

## EINE SALAT-BASIS AUSWÄHLEN ...

**Für einen Nudelsalat** 100 g kleine, kurze Nudeln (z. B. Penne) nach Packungsanweisung in kochendem Salzwasser bissfest garen, in ein Sieb abgießen und mit kaltem Wasser abschrecken. Abtropfen lassen.

**Für einen Reissalat** 100 g Langkornreis in kochendem Salzwasser in 15–20 Minuten (je nach Sorte) nicht zu weich garen, in ein Sieb abgießen und mit kaltem Wasser abschrecken. Abtropfen lassen.

**Für einen Kartoffelsalat** 400 g festkochende Kartoffeln samt Schale in wenig Salzwasser in 20–30 Minuten gar kochen, abgießen, ausdampfen lassen, pellen und in nicht zu kleine Würfel schneiden. Auskühlen lassen.

**Für einen Bulgur-Salat** 100 g Bulgur in einer Schüssel mit 200 ml heißer Gemüsebrühe übergießen und abgedeckt mindestens 1 Stunde quellen lassen, bis die Brühe aufgesogen ist, dabei ab und zu umrühren.

**Für einen Couscous-Salat** 150 g Instant-Couscous (mittlere Korngröße) mit 1 EL neutralem Öl in 150 ml kochendes, leicht gesalzenes Wasser rühren. Vom Herd nehmen, zugedeckt 5 Minuten quellen lassen. Dann auflockern und auskühlen lassen.

## ... UND NACH GESCHMACK KOMBINIEREN

**Mediterran** 150 g Kirschtomaten waschen und vierteln. ¼ Radicchio waschen, putzen und quer in dünne Streifen schneiden. 1 Handvoll Basilikumblättchen grob kleiner schneiden. Alles mit 20 Mini-Mozzarella-Bällchen (ca. 150 g) und der gewählten Salat-Basis vermengen. 5 EL Balsamico bianco, 1 TL Zucker, Salz und Pfeffer verrühren, zum Schluss 2 EL Olivenöl mit einer Gabel unterschlagen. Die Vinaigrette unter den Salat mischen.

**Asiatisch** ½ rote Zwiebel schälen, längs halbieren und quer in feine Scheiben schneiden. 1 Stange Staudensellerie waschen, putzen und in sehr dünne Scheiben schneiden. 1 Stück Salatgurke (ca. 100 g) waschen, längs vierteln und quer in 1 cm breite Stücke schneiden. 1 kleine rote Chilischote waschen und putzen, entkernen und die Schote sehr fein hacken. 1 große Handvoll Korianderblättchen grob hacken. Alles mit 100 g gegarten, geschälten Garnelen und der gewählten Salat-Basis vermengen. Saft von 2 kleinen Limetten, 2 EL Fischsauce, 1 EL brauner Zucker, Salz und Pfeffer verrühren, zum Schluss 2 EL Erdnuss- oder Sesamöl mit einer Gabel unterschlagen. Die Vinaigrette unter den Salat mischen.

**Fein** 2 hart gekochte Eier (Größe M) schälen und in grobe Würfel schneiden. 100 g Zuckerschoten waschen, putzen und schräg in 1 cm breite Streifen schneiden. 100 g Pfifferlinge säubern, Stielenden abschneiden, größere Pilze halbieren oder vierteln. In einer großen Pfanne 2 EL Rapsöl und 1 EL Butter erhitzen. Darin die Pilze in 3 Minuten bei mittlerer Hitze anbraten. Zuckerschoten dazugeben und alles unter Rühren weitere 3 Minuten braten. Mit frisch gepresstem Saft von ½ Orange ablöschen, ganz kurz einkochen lassen. Mit Salz und Pfeffer würzen. Alles mit der gewählten Salat-Basis vermengen. 4 EL Weißweinessig, 2 TL Zucker, Salz und Pfeffer verrühren, zum Schluss 3 EL Rapsöl mit einer Gabel unterschlagen. Vinaigrette unter den Salat mischen.

**Rustikal** 80 g Baconscheiben quer in breite Streifen schneiden und in einer Pfanne bei mittlerer Hitze knusprig auslassen, vom Herd nehmen. 50 g Rucola verlesen, waschen und abtropfen lassen, dicke Stiele abschneiden, Blätter grob kleiner schneiden. 150 g kleine Strauchtomaten waschen und grob würfeln. Alles (auch das ausgelassene Fett in der Pfanne) mit der gewählten Salat-Basis vermengen. 5 EL Balsamico bianco, 1 EL Honigsenf, Salz und Pfeffer verrühren, zum Schluss 2 EL Sonnenblumenöl mit einer Gabel unterschlagen. Die Vinaigrette unter den Salat mischen.

# SUSHI-HÄPPCHEN

## *mit Räucherlachs*

ASIA-FANS, AUFGEPASST! DIESE KLEINEN HÄPPCHEN SIND GENAU DAS RICHTIGE FÜR ALLE, DIE GERNE SUSHI ESSEN – ABER DIESMAL OHNE GROSSEN AUFWAND.

**Zutaten für ca. 35 Stück**

- 200 g Sushi-Reis
- 100 g Räucherlachs (in dünnen Scheiben)
- 2 TL Wasabi-Paste
- 1 Kästchen Gartenkresse
- 1 EL Zucker
- Salz
- 60 ml heller Reisessig
- 1 Nori-Blatt (ca. 20 x 20 cm)
- dunkle Sojasauce, Gari (eingelegter Ingwer) und Wasabi-Paste zum Servieren

**besonderes Werkzeug**

- flache Form (ca. 20 x 20 cm)

**Zeitbedarf**

- ca. 35 Minuten
- mind. 1 Stunde kühlen

**So geht's**

1. Den Reis in einem feinen Sieb unter fließendem Wasser waschen, bis das ablaufende Wasser klar bleibt. Reis mit 350 ml Wasser in einen weiten Topf geben, zum Kochen bringen. Deckel auflegen und den Reis bei schwacher Hitze 15 Minuten garen, dann bei ausgeschalteter Herdplatte 5 Minuten nachziehen lassen **[→a]**. Reis lauwarm abkühlen lassen, dabei ab und zu vorsichtig umrühren.
2. Inzwischen eine flache Form mit Klarsichtfolie auslegen, dabei reichlich Folie über die Ränder hängen lassen. Den Boden der Form möglichst lückenlos mit den Räucherlachsscheiben auslegen. Wasabi dünn darauf verstreichen, Kresse vom Kästchen schneiden und darüberstreuen.
3. Zucker und 1 ½ TL Salz mit dem Essig verrühren, bis sich beides aufgelöst hat. Nach und nach so viel Essigmischung unter den Reis heben, bis der Reis leicht klebrig wird. Den Reis in der Form verteilen und glatt drücken, das Nori-Blatt mit der glänzenden Seite nach oben darauflegen. Die Folienränder darüberschlagen und alles beschweren, damit der Reis in Form gepresst wird. Dafür am besten ein Holzbrettchen in der Größe der Form auf die eingeschichteten Zutaten legen und 2–3 Konservendosen daraufstellen. Die Form für mindestens 1 Stunde kalt stellen.
4. Die Sushi-Platte aus der Form auf ein Arbeitsbrett stürzen und die Folie abziehen. Die Platte mit einem scharfen Messer in mundgerechte rechteckige Sushi-Häppchen schneiden.

**ANRICHTEN |** UNTERTASSEN **von Espressotassen haben genau die richtige Häppchengröße. Platzieren Sie auf jedes Tellerchen ein Sushi-Häppchen, sowie einen Klecks Wasabi-Paste und einige Stücke Gari. Die Sojasauce in kleinen Schälchen dazu servieren.**

DAS IST *wirklich* WICHTIG

**[a] SUSHI-REIS** Nach dem Garen ein Küchentuch zwischen Deckel und Topf spannen und den Reis auf der ausgeschalteten Herdplatte nachziehen und überschüssige Feuchtigkeit aufsaugen lassen. Dadurch werden die Reiskörner leicht klebrig und die Sushi-Häppchen fallen nach dem Schneiden nicht auseinander.

DAS IST *wirklich* WICHTIG

[a]

**[a] BANANENBLATT BELEGEN** In der Mitte jedes Blattstücks je die Hälfte des angequetschten Knoblauchs und je 3 Stängel Basilikum verteilen, dabei rundum reichlich Rand frei lassen. Je 6 Garnelen parallel zu den langen Blattseiten hintereinander darauflegen, die übrige Marinade darüberträufeln.

**[b] PÄCKCHEN VERSCHLIESSEN** Die langen Blattränder über die Garnelen schlagen, sodass sie sich überlappen. Die noch offenen kurzen Seiten des Bananenblatts ein- bis zweimal nach oben falten und mit den Holzspießchen verschließen.

[b]

# KNOBLAUCHGARNELEN
## *mit Ananas-Mango-Dip*

MIT DIESEN KARIBISCH ANGEHAUCHTEN HÄPPCHEN SIND SIE GLEICH GANZ WEIT WEG. IDEAL UM IHREN FREUNDEN DAZU DIE NEUESTEN URLAUBSFOTOS ZU PRÄSENTIEREN.

### Zutaten für 12 Stück

- 2 Bio-Limetten
- 1 Knolle junger Knoblauch
- 1 Stück Ingwer (ca. 5 cm)
- 6 Stängel Thai-Basilikum (Asia-Laden, ersatzweise Basilikum)
- 8 EL Olivenöl
- Salz, Pfeffer aus der Mühle
- 12 rohe, geschälte Riesengarnelenschwänze (à ca. 70 g)
- 1 großes Bananenblatt (Asia-Laden; ersatzweise Alufolie)
- 1 vollreife Mango
- 1 rote Chilischote
- 1 EL Tomatenmark
- 1 Baby-Ananas

### besonderes Werkzeug

- Holzspießchen
- Pürierstab

### Zeitbedarf

- ca. 30 Minuten
- mind. 5 Stunden marinieren

### So geht's

1. Limetten heiß waschen und trocken reiben, die Schale fein abreiben und den Saft auspressen. 4 Knoblauchzehen schälen und durch die Presse drücken, den Rest der Zehen mit der flachen Seite eines Messers anquetschen, bis die Schale aufplatzt. Ingwer schälen und fein hacken. Basilikum abbrausen, trocken schütteln.
2. Limettenschale, durchgepressten Knoblauch, Ingwer und Olivenöl verrühren, salzen und pfeffern. Garnelen waschen, trocken tupfen und mit dem Knoblauch-Ingwer-Öl in einer Schüssel mischen.
3. Das Bananenblatt mit einem feuchten Tuch säubern und längs in 2 gleich große Stücke teilen, auf der Arbeitsfläche auslegen und mit angequetschten Knoblauchzehen, Basilikum und Garnelen belegen **[→a]**. Zu Päckchen verschließen **[→b]** und gut abgedeckt mindestens 5 Stunden im Kühlschrank marinieren.
4. Für den Dip die Mango schälen, Fruchtfleisch vom Kern schneiden und grob würfeln. Chili waschen, putzen und grob kleiner schneiden. Beides mit Limettensaft und Tomatenmark mit dem Pürierstab fein zerkleinern. Ananas schälen, Strunk herausschneiden, Fruchtfleisch sehr klein würfeln und unter den Dip mischen, salzen und pfeffern. Gut verschlossen ebenfalls kühl stellen.
5. Den Backofen auf 220 °C (Ober- und Unterhitze; Umluft 200 °C) vorheizen. Die Bananenblatt-Päckchen auf ein Backblech legen und im Ofen (Mitte) 8–10 Minuten garen.

**ANRICHTEN |** KARIBIK-FEELING **Die noch verschlossenen Päckchen z. B. auf eine Bambus- oder Palmblattplatte (Bio-Einweggeschirr) legen und für ein tolles Aromaerlebnis erst am Tisch oder auf dem Buffet öffnen. Dazu den Dip in kleinen Gläschen servieren.**

# BBQ-CHICKEN-DRUMS

## *mit Aprikosen-Tomaten-Dip*

CHICKEN-DRUMS SIND DIE AMERIKANISCHEN KLASSIKER UNTER DEM FINGERFOOD. DURCH DEN WÜRZIGEN RAUCHGESCHMACK DES SALZES IST DIESE VARIANTE BESONDERS RAFFINIERT.

### Zutaten für 12 Stück

- 4 Knoblauchzehen
- 100 g Tomatenketchup
- 100 g Tomatenmark
- 100 ml dunkles Bier
- 2 EL Cognac, 2 EL Honig
- 2 TL Rauchsalz (Feinkostladen)
- je 2 EL edelsüßes und rosenscharfes Paprikapulver
- 12 Hähnchenunterkeulen (à ca. 100 g)
- 1 kleine Tomate (ca. 50 g)
- 2 Aprikosenhälften (Dose)
- 1 Stück Ingwer (ca. 2 cm)
- 2 EL Balsamico bianco
- 1 TL gem. Kreuzkümmel
- 1 EL Zucker
- Salz, Pfeffer aus der Mühle

### Zeitbedarf

- ca. 20 Minuten
- mind. 12 Stunden marinieren
- 20–25 Minuten garen

### So geht's

1. Den Knoblauch schälen und durch die Presse drücken. Mit Ketchup, 80 g Tomatenmark, Bier, Cognac, Honig, Rauchsalz und beiden Paprikapulvern zu einer Marinade verrühren.
2. Die Hähnchenkeulen waschen, trocken tupfen und in 2 (wiederverschließbare) Gefrierbeutel verteilen. Marinade in die Beutel gießen. Die Luft aus den Beuteln streichen, die Beutel fest verschließen und mehrmals wenden, bis sich die Marinade gut verteilt hat. Mindestens 12 Stunden oder über Nacht im Kühlschrank marinieren lassen **[→a]**.
3. Für den Dip die Tomate waschen, halbieren, Stielansatz entfernen und die Tomate mit den Aprikosen klein würfeln. Den Ingwer schälen und fein reiben. Alles mit den restlichen Zutaten, übrigem Tomatenmark (20 g) und 2 EL Aprikosensaft aus der Dose verrühren und mit Salz und Pfeffer abschmecken. Bis zum Servieren abdecken und kalt stellen.
4. Den Backofen auf 200 °C (Umluft; Ober- und Unterhitze nicht empfehlenswert) vorheizen. Hähnchenkeulen mit genügend Abstand auf einen Backofenrost verteilen. So kann die heiße Luft die Keulen rundum knusprig backen. Keulen mit etwas Rauchsalz bestreuen und im Ofen (unten) in 20–25 Minuten braun und knusprig braten. Ein Backblech als Tropfschutz unterschieben. Nach Belieben zwischendurch noch einmal mit der übrigen Marinade bepinseln. Die Keulen heiß oder lauwarm mit dem Dip servieren.

**ANRICHTEN |** WICKELTECHNIK **Damit die Finger Ihrer Gäste beim Essen sauber bleiben, einen Streifen (Eisberg-)Salat um das dünne Ende der Chicken-Drums wickeln und mit einem Stück Schnur festbinden. Alternativ können Sie auch fertige Papiermanschetten kaufen und daraufsetzen.**

DAS IST *wirklich* WICHTIG

**[a] MARINIEREN** eignet sich besonders gut bei Fleischsorten mit einem milden Eigengeschmack. Die Aromen der Marinade dringen tief in das Fleisch ein und gleichen so fehlende Aromen aus. Das braucht ein bisschen Zeit und das Fleisch muss rundum gleichmäßig mit Marinade bedeckt sein.

## DAS IST *wirklich* WICHTIG

**[a] YUFKA- ODER FILOTEIGBLÄTTER** müssen vor dem Aufrollen mit Butter eingepinselt werden. Durch das Fett werden die Blätter zum einen geschmeidig und lassen sich aufrollen, ohne auseinander zu brechen. Zum anderen werden sie im Ofen schön luftig und knusprig.

**[b] RÖLLCHEN FORMEN** Zum Aufrollen an der geraden Schmalseite beginnen, auf der die Füllung verteilt ist. Die Röllchen dann mit den Nahtstellen nach unten auf eine flache Platte legen, damit sie nicht wieder auf gehen.

[a]

[b]

# KNUSPERRÖLLCHEN

## *mit Lamm-Feta-Füllung*

DIE DÜNNEN TEIGBLÄTTER STAMMEN AUS DER TÜRKISCHEN (YUFKA) ODER GRIECHISCHEN (FILO) KÜCHE UND MACHEN DIESE RÖLLCHEN ZUM PUREN KNUSPERSPASS.

**Zutaten für 12 Stück**

- 1 kleine Zwiebel
- 100 g junger Blattspinat
- 100 g Butter
- 400 g Lamm-Hackfleisch (ersatzweise Rinderhack)
- 4 runde Yufka-Filoteigblätter (ca. 60 cm Ø; ca. 400 g; türk. Lebensmittelladen)
- 150 g Feta (Schafskäse)
- 100 g eingelegte, geröstete Paprikaschoten (Glas)
- Salz, Pfeffer aus der Mühle

**Zeitbedarf**

- ca. 1 Stunde
- 10–12 Minuten backen

**So geht's**

1. Die Zwiebel schälen und klein würfeln. Den Spinat verlesen, waschen und trocken tupfen. In einer großen Pfanne 1 EL Butter zerlassen und die Zwiebel darin glasig dünsten. Das Hackfleisch dazugeben und bei starker Hitze unter Rühren krümelig braten, bis das Hack nur noch leicht rosa ist. Spinat dazugeben und kurz mitdünsten, bis er zusammengefallen ist. Alles in ein feines Sieb geben und abtropfen lassen.
2. Die übrige Butter schmelzen. Teigblätter vorsichtig aufrollen, auf der Arbeitsfläche auslegen und gleichmäßig mit drei Viertel der geschmolzenen Butter bestreichen **[→a]**. Dann jeweils 2 Teigblätter übereinanderlegen und jeweils in 6 möglichst gleich große Stücke schneiden.
3. Hackmischung in eine Schüssel geben. Feta nicht zu fein dazubröseln. Paprika abtropfen lassen und in ca. 1 cm große Stücke schneiden, in die Schüssel geben. Alles salzen, pfeffern und vorsichtig vermengen.
4. Auf jedes Teigstück parallel zur geraden Schmalseite 2–3 EL Hack-Feta-Füllung verteilen, dann zu Röllchen aufrollen **[→b]**. Yufka-Röllchen bis zum Backen abdecken und in den Kühlschrank stellen (aber nicht länger als 1–2 Stunden).
5. Ein Backblech mit Backpapier auslegen. Den Backofen auf 200 °C (Ober- und Unterhitze; Umluft 180 °C) vorheizen. Die Röllchen mit der Naht nach unten auf das Backblech setzen, mit der restlichen Butter bepinseln (bei Bedarf noch etwas mehr Butter schmelzen) und im Ofen (Mitte) in 10–12 Minuten knusprig backen.

**ANRICHTEN** | WIE ANDERE KNUSPERSTANGEN **die Röllchen senkrecht z. B. in schöne weite Gläser, Dosen oder Körbchen stellen oder liegend auf einer Tortenplatte mit Fuß servieren.**

# CHICORÉE-SCHIFFCHEN
## *mit asiatischer Hackfüllung*

CHICORÉEBLÄTTER KÖNNEN GANZ EINFACH UND NACH LUST UND LAUNE IMMER WIEDER NEU GEFÜLLT WERDEN. BEI DIESER VARIANTE GEBEN ASIATISCHE AROMEN DEN TON AN.

### Zutaten für 16 Stück

- 500 g Hähnchenbrustfilet (ohne Haut)
- 2 EL Erdnuss- oder Sesamöl
- 2 Stangen Zitronengras
- 2 rote Chilischoten
- 2 Schalotten
- 1 Bund Koriandergrün
- Saft von 1 großen Limette
- 2 EL Fischsauce
- 2 TL (Roh-) Rohrzucker
- 2 große Chicorée (à ca. 200 g)
- Salz

### Zeitbedarf

- ca. 30 Minuten

### So geht's

1. Das Hähnchenfleisch waschen und trocken tupfen. Dann zuerst längs in dünne Scheiben schneiden, diese portionsweise zusammenlegen und quer in kleine Streifen schneiden. Anschließend die Fleischstreifen mit einem großen, schweren Messer fein hacken.
2. In einer großen Pfanne das Öl erhitzen, darin das Fleisch unter Rühren bei starker Hitze ca. 2–3 Minuten braten, bis es bröselig, leicht gebräunt und gar ist. In eine Schüssel geben.
3. Das Zitronengras waschen, jeweils den Wurzelansatz abschneiden und die äußere Blattschicht ablösen. Den dicken, hellen Teil der Stangen in sehr feine Ringe schneiden, denn nur er ist essbar. Chilis waschen, längs halbieren, Stielansatz und Kerne entfernen. Die Schoten sehr fein hacken. Die Schalotten schälen und fein würfeln. Den Koriander abbrausen und trocken schütteln, die Blättchen abzupfen und grob hacken.
4. Alle vorbereiteten Zutaten zum Fleisch in die Schüssel geben und mit Limettensaft, Fischsauce und Zucker vermischen. Den Chicorée waschen, Strünke knapp abschneiden. Falls nötig, die äußeren welken Blättern abtrennen, dann 16 große schöne Blätter ablösen. Den Rest klein würfeln und unter die Hackmischung mengen. Beides bis zum Servieren gut abdecken und kühl stellen (aber nicht länger als 4–5 Stunden).
5. Kurz vor dem Servieren die asiatische Hackfüllung mit Salz abschmecken. Entstandene Flüssigkeit abgießen. Die Chicoréeblätter leicht flach drücken und die Hackmischung hineinfüllen.

**ANRICHTEN** | FLIESEN **eignen sich anstelle einer Servierplatte auch als schlichte, aber raffinierte Unterlagen für Häppchen. Es gibt sie im Baumarkt in vielen Größen, unterschiedlichen Dicken, verschiedenen Materialien und Farben.**

[a]

DAS IST *wirklich* WICHTIG

**[a] FLEISCH AUFSPIESSEN** Die Fleischstreifen ziehharmonikaartig, aber nicht zu eng auf die Spieße stecken. Dabei dickere und dünnere Streifen gut verteilen, sodass auf jedem Spieß etwa die gleiche Fleischmenge verteilt ist.

# LAMM-SATÉ

## *mit Paprika-Walnuss-Dip*

AUF SPIESSEN GEGRILLTES ODER GEBRATENES FLEISCH WIRD IN ASIEN AUCH „SATÉ" GENANNT. GENAU WIE HIER WIRD DAS FLEISCH VORHER IMMER MARINIERT UND MIT EINEM DIP SERVIERT.

**Zutaten für 12 Stück**

- 8 große Zweige Thymian
- 8 kleine Zweige Rosmarin
- 1 ½ EL weiße Pfefferkörner
- 130 ml Olivenöl
- 350 g Lammfilets
- 1 Knoblauchzehe
- 50 g Walnusskerne
- 100 g eingelegte, geröstete Paprikaschoten (Glas)
- Saft von ½ kleinen Zitrone
- Salz, Pfeffer aus der Mühle

**besonderes Werkzeug**

- 12 lange Holzspieße
- Mörser
- Blitzhacker

**Zeitbedarf**

- ca. 40 Minuten
- mind. 5 Stunden marinieren

**So geht's**

1. Holzspieße ca. 10 Minuten in Wasser legen, damit sie im Ofen nicht anbrennen und das Fleisch sich leichter davon lösen lässt.
2. Für das Saté Kräuter abbrausen und trocken schütteln. Von je 3 Thymian- und Rosmarinzweigen die Blättchen abzupfen und fein hacken, übrige Zweige in kleinere Stücke schneiden. Pfefferkörner im Mörser grob zerstoßen. Gehackte Kräuter, Pfefferkörner und 80 ml Olivenöl zu einer Marinade verrühren.
3. Lammfleisch waschen und trocken tupfen. Bei Bedarf von dicken Häuten und Sehnen befreien (Parieren s. Seite 50/51). Filets einmal quer halbieren, dann längs in ca. ½ cm breite Streifen schneiden. Fleischstreifen auf die Holzspieße stecken [→a]. Aufgespießtes Fleisch mit der Marinade einpinseln und mit den Kräuterzweigen in einen (wiederverschließbaren) Gefrierbeutel geben. Die Luft ausstreichen und den Beutel fest verschließen. Im Kühlschrank mindestens 5 Stunden marinieren lassen.
4. Für den Dip den Knoblauch schälen und mit den Walnüssen grob hacken. Die Paprika in grobe Stücke schneiden. Alles mit restlichem Olivenöl (50 ml) und Zitronensaft im Blitzhacker fein zerkleinern, salzen und pfeffern. Abdecken und bis zum Servieren in den Kühlschrank stellen.
5. Den Backofen auf 220 °C (Umluft; Ober- Unterhitze nicht empfehlenswert) vorheizen. Die marinierten Lammspieße auf einen Backofenrost legen, mit Salz würzen und im Ofen (Mitte) in 6 – 7 Minuten rosa braten. Ein Backblech als Tropfschutz unterschieben. Lamm-Saté warm servieren.

**ANRICHTEN |** EIN PERFEKTES TEAM **sollte nicht wieder getrennt werden. Damit das auf einem Buffet nicht passiert, das Häppchen mit dem passenden Dip schon vorportionieren. Dafür den Dip z. B. in 12 Gläschen verteilen und je einen Lamm-Saté hineinstellen.**

# MINI-SALTIMBOCCA *vom Schwein*

DER ITALIENISCHE KLASSIKER DIESMAL IM KLEINFORMAT UND ZUM PRAKTISCHEN FINGERFOOD-REZEPT UMFUNKTIONIERT. BUON APPETITO!

**Zutaten für 18 Stück**

- 300 g Schweinefilet (am besten vom Filetkopf)
- 6 Scheiben Parmaschinken
- 18 kleine Salbeiblätter
- Salz, Pfeffer aus der Mühle
- 1 kleine Bio-Zitrone
- 2 große EL weiche Butter

**besonderes Werkzeug**

- 18 kleine Holzspieße

**Zeitbedarf**

- ca. 30 Minuten

**So geht's**

1. Das Schweinfleisch waschen, trocken tupfen und parieren [→a], dann quer zur Faser in 18 ca. ½ cm dicke Scheiben schneiden. Die Schinkenscheiben quer dritteln. Die Salbeiblätter abbrausen und trocken tupfen.
2. Filetscheiben auf der Arbeitsfläche auslegen, mit den Handballen etwas flacher drücken und auf beiden Seiten leicht salzen und pfeffern. Jede Scheibe mit 1 Salbeiblättchen und 1 Stück Schinken belegen. Beides am Fleisch fixieren. Dafür mit je einem Holzspieß zuerst durch Schinken, Salbei und Fleisch stechen. Dann den Spieß unter dem Fleisch etwas nach vorne schieben und wieder durch Fleisch, Salbei und Schinken nach oben führen.
3. Die Zitrone heiß waschen und trocken reiben, 3 TL Schale fein abreiben, 1 EL Saft auspressen. Schale und Saft mithilfe einer Gabel gründlich mit der Butter verkneten und in kleinen Flöckchen auf den Saltimboccas verteilen. Bis zum Servieren gut abdecken und in den Kühlschrank stellen (geht auch über Nacht).
4. Ein Backblech mit Backpapier auslegen. Den Backofen auf 220 °C (Ober- und Unterhitze; Umluft 200 °C) vorheizen. Mini-Saltimboccas auf das Backblech legen und im Ofen (Mitte) in 7 – 8 Minuten gar braten. Sie schmecken heiß, lauwarm oder auch kalt.

**ANRICHTEN |** UNTERTASSEN **von Espressotassen oder Mini-Teller haben genau die richtige Größe, um die Saltimboccas darauf zu servieren. Alternativ alle Häppchen auf ein Platte setzen und Servietten dazu reichen.**

DAS IST *wirklich* WICHTIG

**[a] PARIEREN** bedeutet rohes Fleisch von Sehnen, dicken Häuten und Fett zu befreien. Das gelingt am besten mit einem schmalen, dünnen, sehr scharfen Messer. Dafür z. B. die Sehnen auf einer Seite etwas lösen und mit einer Hand anheben. Dann mit dem Messer zwischen der Unterseite der Sehne und dem Fleisch vorsichtig entlangschneiden, dabei die Klinge leicht schräg nach oben drehen.

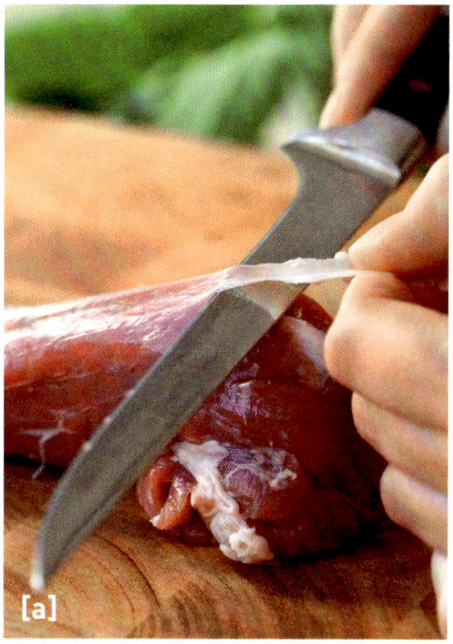

# BLITZ-HÄPPCHEN

## *mit Dips & Co.*

DIPS, CREMES, CHUTNEYS & CO. SIND WAHRE HÄPPCHENWUNDER. EINMAL VORBEREITET KÖNNEN SIE JEDERZEIT SPONTAN ZU ABWECHSLUNGSREICHEM FINGERFOOD VERWANDELT WERDEN.

Ob man Chutneys und Relishes zu verschiedenen Käsesorten serviert, Dips und Cremes zum Eintauchen von Knabbergebäck oder frischen Gemüsesticks bereithält oder kleine Sandwiches und belegte Brote damit verfeinert – der Aufwand ist klein, der Genuss aber immer ganz groß!

### AVOCADO-DIP

**Für ca. 200 ml: 1 kleine Knoblauchzehe, 1 vollreife Avocado (ca. 200 g), 1 – 2 EL frisch gepresster Zitronensaft, 50 ml Gemüsebrühe, 1 EL Olivenöl, 1 Schalotte, Salz, Cayennepfeffer**

**So geht's:** Knoblauch schälen, grob hacken. Die Avocado halbieren, entkernen, dann das Fruchtfleisch aus der Schale löffeln und sofort mit Knoblauch, 1 EL Zitronensaft, Brühe und Öl in einen hohen Rührbecher geben und mit einem Pürierstab fein zerkleinern. Schalotte schälen, fein würfeln und untermischen. Mit Salz und Cayennepfeffer würzen und nach Belieben mit Zitronensaft abschmecken.

**Haltbarkeit:** Verschlossen, mit etwas Olivenöl bedeckt und gekühlt mindestens 12 Stunden.

### KORIANDER-CRÈME-FRAÎCHE

**Für ca. 200 ml: 2 Handvoll Korianderblättchen, 150 g Crème fraîche, Saft von ½ Limette, ½ TL gem. Kreuzkümmel, 1 TL Agavendicksaft (ersatzweise Honig), Salz, Pfeffer aus der Mühle**

**So geht's:** Koriander fein hacken und mit der Crème fraîche verrühren. Die Creme mit Limettensaft und restlichen Zutaten würzen und abschmecken.

**Haltbarkeit:** Verschlossen und gekühlt mindestens 2 Tage.

### PAPRIKA-BASILIKUM-DIP

**Für ca. 250 ml: 200 g eingelegte, geröstete Paprikaschoten (Glas), 2 EL Balsamico bianco, 1 EL Honig, 4 EL Olivenöl, 1 – 2 EL Semmelbrösel, 1 Handvoll Basilikumblättchen, Salz, Pfeffer aus der Mühle**

**So geht's:** Paprikaschoten grob kleiner schneiden und mit Essig, Honig, Öl und Semmelbröseln in einen hohen Rührbecher geben und mit einem Pürierstab fein zerkleinern. Basilikum in feine Streifen schneiden und untermischen. Mit Salz und Pfeffer abschmecken.

**Haltbarkeit:** Verschlossen und gekühlt mindestens 2 Tage.

## TOMATENSCHMANT

**Für ca. 250 ml: 50 g in Öl eingelegte, getrocknete Tomaten, 200 g Schmant, 2 EL Tomatenmark, 1 TL Harissa (scharfe Gewürzpaste; nach Belieben), Salz, Pfeffer aus der Mühle**

**So geht's:** Tomaten abtropfen lassen und fein hacken. Mit Schmant, Tomatenmark und nach Belieben mit Harissa verrühren. Mit Salz und Pfeffer abschmecken.

**Haltbarkeit:** Verschlossen und gekühlt mindestens 2 Tage.

## KNOBLAUCH-ZITRONEN-CREME

**Für ca. 300 ml: 1 Bio-Zitrone, 2 Knoblauchzehen, 250 g Mascarpone, 3–4 EL Gemüsebrühe, Salz, Pfeffer aus der Mühle**

**So geht's:** Die Zitrone heiß waschen und trocken reiben, die Schale fein abreiben, aus einer Zitronenhälfte den Saft auspressen. Knoblauch schälen und durch eine Presse drücken. Mascarpone mit der Brühe glatt rühren, die vorbereiteten Zutaten gründlich untermischen. Mit Salz und Pfeffer abschmecken.

**Haltbarkeit:** Verschlossen und gekühlt mindestens 2 Tage.

## GURKEN-WASABI-SAUCE

**Für ca. 250 ml: ½ Salatgurke (ca. 250 g), 1 Stück Ingwer (ca. 1 cm), 2 TL Wasabi-Pulver, 1 EL Reisessig, 1 TL Zucker, Salz**

**So geht's:** Gurke waschen und grob würfeln. Ingwer schälen und fein reiben. Beides mit dem Wasabi-Pulver in einen hohen Rührbecher geben und mit einem Pürierstab fein zerkleinern. Mit Reisessig, Zucker und Salz abschmecken.

**Haltbarkeit:** Verschlossen und gekühlt mindestens 2 Tage.

## ZWIEBEL-RHABARBER-CHUTNEY

**Für 3 Schraubgläser (à ca. 200 ml): 400 g rote Zwiebeln, 3–4 dünne Stangen roter Rhabarber, 1 Stück Ingwer (ca. 4 cm), 1 Knoblauchzehe, 1 Stange Zimt, 5 grüne Kardamomkapseln, 2 getrocknete Chilischoten, 100 g Zucker, 100 ml Rotweinessig, Salz**

**So geht's:** Zwiebeln schälen und ca. 1 cm groß würfeln. Rhabarber waschen, putzen und in ca. 1 cm dicke Stücke schneiden. Ingwer und Knoblauch schälen und sehr fein hacken. Alles mit den restlichen Zutaten und 200 ml Wasser in einem Topf verrühren. Aufkochen und offen bei mittlerer Hitze in ca. 30 Minuten dicklich einkochen lassen, dabei ab und zu umrühren, vor allem gegen Ende der Kochzeit. Zimtstange und Chilischoten entfernen. Mit Salz abschmecken. Chutney sofort in saubere Gläser füllen und gut verschließen.

**Haltbarkeit:** Gut gekühlt mindestens 1 Monat.

## GRÜNE-TOMATEN-RELISH

**Für 2 Schraubgläser (à ca. 200 ml): 500 g grüne Tomaten, 1 kleine Zwiebel, 150 ml Balsamico bianco, 50 g (Roh-)Rohrzucker, 50 ml frisch gepresster Orangensaft, 1 EL frische grüne Pfefferkörner (ersatzweise aus dem Glas), Salz**

**So geht's:** Tomaten waschen, putzen und fein hacken. Zwiebel schälen und klein würfeln. Essig und Zucker in einem Topf verrühren, aufkochen und bei starker Hitze in 4–5 Minuten karamellartig einkochen lassen. Tomaten, Zwiebel und Orangensaft dazugeben und alles offen bei mittlerer Hitze in weiteren 10–15 Minuten dickflüssig einkochen lassen. Inzwischen Pfefferkörner fein hacken und unter das Relish rühren, mit Salz abschmecken. Sofort in saubere Gläser füllen und gut verschließen.

**Haltbarkeit:** Gut gekühlt mindestens 1 Monat.

# AROMATISCH

## *Marinierte Häppchen*

FIX UND FERTIG VORBEREITET BRAUCHEN DIESE HÄPPCHEN ALS LETZTE ZUTAT NUR NOCH EIN BISSCHEN ZEIT. DANN SIND SIE ABER ZU JEDER GELEGENHEIT SCHNELL AUFGETISCHT UND PASSEN WUNDERBAR ZU BROT UND CO.

# BALSAM-ZWIEBELCHEN *mit Portwein*

DIE KLEINEN UND MILDEN PERLZWIEBELN SIND MIT EINEM HAPPS IM MUND. DAS VON NATUR AUS PERFEKTE HÄPPCHEN-GEMÜSE.

**Zutaten für 20 Stück**

- 20 Perlzwiebeln (ca. 600 g); möglichst gleich groß und mit einem lang auslaufenden Stielansatz; ersatzweise Schalotten)
- 1 Zweig Rosmarin
- 4 Zweige Thymian
- 3 EL Olivenöl
- Salz, Pfeffer aus der Mühle
- 2 EL Zucker
- 150 ml Aceto balsamico
- 300 ml roter Portwein
- 150 ml Gemüsefond

**Zeitbedarf**

- ca. 20 Minuten
- 1 ¾ Stunden garen
- mind. 1 Tag marinieren

**So geht's**

1. Die Perlzwiebeln in einer Schüssel mit kochend heißem Wasser übergießen und 2 Minuten ziehen lassen. Rosmarin und Thymian abbrausen, trocken schütteln und die Blättchen von den Stielen zupfen.
2. Backofen auf 200 °C (Ober- und Unterhitze; Umluft 180 °C) vorheizen. Die Zwiebeln in ein Sieb abgießen und gut abtropfen lassen. Anschließend den Wurzelansatz abschneiden und die Zwiebeln schälen [→a].
3. Geschälte Zwiebeln in eine flache hitzebeständige Form geben, das Öl darüberträufeln und kräftig mit Salz, Pfeffer und Zucker würzen. Rosmarin und Thymian darüberstreuen. Alles gründlich vermengen und im Ofen (Mitte) 15 Minuten rösten.
4. Balsamico, Portwein und Gemüsefond vermischen und über die Zwiebeln gießen. Die Form mit Alufolie abdecken und die Zwiebeln weitere 1 ½ Stunden im Ofen garen.
5. Die Zwiebeln aus dem Ofen holen und mit der Alufolie bedeckt auskühlen lassen. Anschließend im Kühlschrank mindestens 1 Tag oder für ein intensiveres Aroma 2–3 Tage marinieren lassen.

**ANRICHTEN |** NEUE DIENSTE **leisten Eierbecher oder Schnapsgläser, wenn Sie sie einfach mal zu Häppchen-Geschirr umfunktionieren. Dafür die Perlzwiebeln mit dem Stielansatz nach oben hineinlegen und Häppchenspieße dazu reichen.**

[a]

DAS IST *wirklich* WICHTIG

**[a] PERLZWIEBELN SCHÄLEN** Die äußerste Schicht mit Hilfe eines kleinen Messers bis zum Stielansatz hin abziehen. Dabei darauf achten, dass der lange Stielansatz erhalten bleibt – daran können die Zwiebelchen zum Essen ganz leicht gefasst werden.

DAS IST *wirklich* WICHTIG

**[a] PUDERZUCKER** verklumpt in der Verpackung leicht. Damit man ihn trotzdem gleichmäßig über die Tomaten stäuben kann, den Zucker in ein kleines Haarsieb geben und über die Tomaten sieben. Dafür nach Bedarf mit dem Sieb gegen die Handfläche klopfen.

[a]

# OFENTOMATEN

## *mit Knoblauch und Rosmarin*

DAS LANGE GAREN BEI NIEDRIGER TEMPERATUR MACHT DIE TOMATEN NOCH SAFTIGER UND INTENSIVIERT IHR NATÜRLICHES AROMA ZUSÄTZLICH.

**Zutaten für 25 Stück**

- 25 kleine Strauchtomaten mit Rispen (ca. 3 cm Ø; ca. 800 g)
- 4 Zweige Rosmarin
- 4 große Knoblauchzehen
- 60 ml Olivenöl
- Fleur de Sel, Pfeffer aus der Mühle
- 1 EL Puderzucker

**Zeitbedarf**

- ca. 15 Minuten
- 1 ¼ Stunden garen
- mind. 1 Tag marinieren

**So geht's**

1. Den Backofen auf 150 °C (Ober- und Unterhitze; Umluft 130 °C) vorheizen. Die Tomaten vorsichtig waschen und von den Rispen schneiden, dabei die Stiele 2–3 cm lang lassen. Tomaten mit einer Kartoffelgabel oder einem spitzen Holzstäbchen mehrmals einstechen, dabei sollte die Haut nicht zu weit aufreißen.
2. Die Tomaten dicht an dicht und mit dem Stiel nach oben in eine große hitzebeständige Form (oder zwei kleine Formen) setzen. Die Form(en) soll(en) gerade so groß sein, dass die Tomaten eben hineinpassen.
3. Rosmarin abbrausen und trocken schütteln, die Zweige in 5–6 cm lange Stücke schneiden. Knoblauch schälen und in dünne Scheiben schneiden. Beides zwischen den Tomaten verteilen.
4. Die Tomaten gleichmäßig mit dem Öl beträufeln, mit Salz und Pfeffer würzen und den Puderzucker darüberstäuben [→a]. Die Tomaten im Ofen (Mitte) 1 ¼ Stunden garen, bis sie anfangen etwas einzuschrumpfen.
5. Die Tomaten in der Form auskühlen lassen, gut abdecken und im Kühlschrank mindestens 1 Tag oder für ein intensiveres Aroma 2–3 Tage marinieren lassen. Tomaten vor dem Servieren Zimmertemperatur annehmen lassen.

**ANRICHTEN |** IN DER FORM **serviert bleibt die aromatische Marinade, die beim Garen entstanden ist, bis zum Essen an den Tomaten haften. Darum direkt daneben Teller und Gäbelchen stellen oder in jede Tomate schon einen Spieß oder ein kleines Holzstäbchen zum Herausnehmen stecken.**

# BUNTE SPIESSE
## *mit Oliven und Knoblauch*

FÜR EINE BESONDERS GUTE AROMAKOMBINATION EINE MILDE OLIVENSORTE VERWENDEN, DAMIT IHR WÜRZIGER GESCHMACK NICHT ÜBERWIEGT.

**Zutaten für 10 Stück**

- je ½ kleine gelbe und rote Paprikaschote
- 2 große Knoblauchzehen
- 20 große naturell eingelegte, milde grüne Oliven (ca. 150 g; ohne Stein)
- 4 kleine Zweige Thymian
- 4 kleine Zweige Rosmarin
- 50 ml Weißwein
- Saft von 1 Zitrone
- 300 ml Gemüsefond (Glas)
- 3 TL Zucker
- Salz, Pfeffer aus der Mühle

**besonderes Werkzeug**

- 10 lange Holzspieße
- 2 Bügelgläser mit geradem Rand (à ca. 400 ml)

**Zeitbedarf**

- ca. 30 Minuten
- mind. 1 Tag marinieren

**So geht's**

1. Die Paprikahälften putzen, waschen, mit einem Sparschäler schälen und jeweils in 10 gleich große Stücke schneiden. Knoblauch schälen und in 10 dünne Scheiben schneiden.
2. Die Holzspieße auf Glashöhe zuschneiden. Je 2 Oliven mit 2 Paprikastücken und 1 Knoblauchscheibe abwechselnd auf die Holzspieße stecken, sodass sie am unteren Spießende anstoßen und das obere Ende frei bleibt.
3. Die Spieße senkrecht dicht an dicht in die Gläser stellen – mit den freien Spießenden nach oben. Kräuter abbrausen, trocken schütteln und zwischen den Spießen in den Gläsern verteilen.
4. Wein, Zitronensaft und Brühe in einem kleinen Topf aufkochen. Zucker einrühren bis er sich aufgelöst hat. Mit Salz und Pfeffer würzen. Die Marinade heiß in die Gläser gießen, sodass alle Zutaten bedeckt sind, die freien Spießenden aber noch herausstehen. Die Gläser verschließen und die Spieße mindestens 1 Tag, besser noch 2–3 Tage marinieren lassen.

**DEKORIEREN |** EINMACHGLÄSER DEKORIEREN **Eingemachtes Gemüse in Gläsern sieht immer appetitlich aus und kann deshalb direkt auf das Buffet oder den Tisch gestellt werden. Wer möchte, kann das Glas zusätzlich mit schönen Etiketten bekleben (Vorlagen finden Sie im Internet) oder farblich passende Bändchen darumbinden.**

# PETERSILIEN-KÄSE

## *mit Zitrone und grünem Pfeffer*

HERRLICH FRISCH UND WÜRZIG SCHMECKEN DIESE EINGELEGTEN KÄSETALER. PERFEKT ZU KNUSPRIGEM WEISSBROT UND EINEM GLAS WEISS- ODER ROTWEIN.

**Zutaten für 8 Stück**

- 2 große Bio-Zitronen
- 2 Knoblauchzehen
- 1 EL frische grüne Pfefferkörner (ersatzweise aus dem Glas)
- Meersalz
- 2 EL Zucker
- 4 EL Olivenöl
- 1 Bund glatte Petersilie
- 8 runde Ziegenfrischkäsetaler (à 40 g, z. B. Picandou)

**Zeitbedarf**

- ca. 30 Minuten
- 1 – 2 Tag marinieren

**So geht's**

1. Die Zitronen heiß waschen und trocken reiben, von 1 Zitrone die Schale hauchdünn abschälen (s. Seite 16/17). Den Knoblauch schälen und mit der Zitronenschale und den Pfefferkörnern sehr fein hacken. 1 TL Salz darüberstreuen und die Mischung kurz ziehen lassen, dann mit einer Gabel leicht zermusen.
2. Inzwischen für eine Marinade den Saft beider Zitronen auspressen (ca. 100 ml) und mit Zucker und etwas Salz verrühren, das Olivenöl unterschlagen. Petersilie abbrausen und trocken schütteln, die Blättchen abzupfen und nicht zu fein hacken. Petersilie und Zitronen-Pfeffer-Mischung unter die Marinade rühren, abschmecken.
3. Ziegenkäse dicht nebeneinander in eine kleine flache Form oder Dose legen und mit der Marinade übergießen. Gut abdecken oder verschließen und im Kühlschrank 1 – 2 Tage marinieren lassen.

**ANRICHTEN |** KREATIVES HÄPPCHEN-GESCHIRR **Kleines Geschirr muss man nicht immer extra kaufen. Häufig bekommt man z. B. Glasschälchen beim Kauf von Desserts aus dem Kühlregal direkt mitgeliefert. Sie haben die perfekte Größe, um Häppchen darin anzubieten. Käsetaler samt etwas Marinade in die Schälchen setzen und kleine Messer dazu reichen.**

# MARINIERTER KÜRBIS

## *mit feurigen Brotbröseln*

WER BISHER KEIN WAHRER KÜRBIS-FAN WAR, WIRD HIER EINES BESSEREN BELEHRT. VANILLE UND EIN KNUSPRIG-SCHARFES TOPPING MACHEN DAS HERBSTGEMÜSE UNWIDERSTEHLICH.

**Zutaten für ca. 12 Häppchen**

- 1,2 kg Kürbis (z. B. Butternut oder Muskat)
- 1 Vanilleschote
- 7 EL Olivenöl
- 600 ml Gemüsebrühe
- 100 g altbackenes Weißbrot
- 2 rote Chilischoten
- 2 Knoblauchzehen
- Saft von 2 Limetten
- Salz, Pfeffer aus der Mühle

**Zeitbedarf**

- ca. 30 Minuten
- mind. 12 Stunden marinieren

**So geht's**

1. Den Kürbis waschen und putzen **[→a]**. Kürbisviertel in ca. 1 cm dicke Spalten schneiden, diese in 3–4 cm große Stücke teilen. Die Vanilleschote längs halbieren und das Mark herauskratzen (s. Seite 126/127), die Schotenhälften quer halbieren.
2. In einer großen Pfanne 2 EL Olivenöl erhitzen. Darin die Kürbisstücke rundherum bei starker Hitze 2 Minuten anbraten. Gemüsebrühe dazugießen, Vanillemark unterrühren, Vanilleschote einlegen. Die Pfanne abdecken und den Kürbis bei mittlerer Hitze in ca. 10 Minuten bissfest garen.
3. Inzwischen das Weißbrot in grobe Stücke schneiden und in einen Gefrierbeutel füllen. Beutel verschließen, flach auf die Arbeitsfläche legen und mit einem Nudelholz so lange über die Brotstücke fahren, bis grobe Brösel entstanden sind. Die Chilischoten waschen und entstielen, Knoblauchzehen schälen, beides sehr fein hacken. Übriges Öl in einer weiteren Pfanne erhitzen. Brotbrösel darin unter Rühren bei mittlerer Hitze 1 Minute anrösten, Chili und Knoblauch dazugeben, 1 Minute mitrösten. Brotbrösel in eine kleine Schüssel füllen und auskühlen lassen. Bis zum Servieren abdecken und an einen trockenen Ort stellen.
4. Kürbis samt Garflüssigkeit mit Limettensaft, Salz und Pfeffer würzen. In einer großen Form flach verteilen, sodass möglichst der ganze Kürbis in der Flüssigkeit schwimmt. Gut abgedeckt im Kühlschrank mindesten 12 Stunden marinieren lassen. Brotbrösel vor dem Servieren über die marinierten Kürbisstücke streuen.

**ANRICHTEN |** HÄPPCHEN-LÖFFEL **gibt es aus Edelstahl, Porzellan und auch in verschiedenen Farben. Sie eignen sich perfekt, um Häppchen, die nur schwer mit der Hand, mit Besteck oder mit Spießen gegessen werden können, mit einem Happs in den Mund zu befördern.**

[a]

DAS IST *wirklich* WICHTIG

**[a] KÜRBIS PUTZEN** Stielansatz und Unterseite knapp abschneiden. Kürbis mit einem großen Messer längs vierteln und mit einem Löffel die Kerne samt dem faserigen Fleisch herausschaben. Die Viertel mit der Schnittkante nach unten auf die Arbeitsfläche stellen und die harte Schale mit einem Messer Stück für Stück abschneiden.

# RÖSTGEMÜSE-ALLERLEI
## *mit Meerrettich-Schmant*

GEBACKENES GEMÜSE IST EIN VIEL GELIEBTER KLASSIKER. AB JETZT GIBT ES DAS LIEBLINGSGERICHT AUCH ALS HÄPPCHEN-VARIANTE: SIE WERDEN STAUNEN.

### Zutaten für 8 – 10 Häppchen

- 300 g Baby-Kartoffeln
- 2 kleine Rote Beten (ca. 300 g)
- 200 g dünne junge Möhren
- 150 g kleine Schalotten
- 6 EL Sesamöl
- Salz, Pfeffer aus der Mühle
- 400 ml Gemüsebrühe
- 1 Knoblauchzehe
- 1 Bund Schnittlauch
- Saft von 1 großen Zitrone
- 1 TL Zucker
- 1 Stück Meerrettich (5 – 7 cm)
- 300 g Schmant

### Zeitbedarf

- ca. 30 Minuten
- 1 ½ Stunden garen
- 1 – 3 Stunden marinieren

### So geht's

1. Den Backofen auf 200 °C (Ober- und Unterhitze; Umluft 180 °C) vorheizen. Die Kartoffeln gründlich waschen und samt Schale längs halbieren. Rote Beten schälen, halbieren und jweils in 4 Spalten schneiden. Möhren schälen und quer halbieren oder dritteln. Schalotten schälen, ganz lassen.
2. Ein tiefes Backblech mit Backpapier auslegen. Gemüse auf dem Blech verteilen, mit 2 EL Öl beträufeln und salzen und pfeffern, alles gründlich vermengen. 300 ml Brühe über das Gemüse gießen. Das Backblech mit Alufolie abdecken und in den Ofen (Mitte) schieben. Das Gemüse 40 Minuten garen, währenddessen ab und zu durchrühren und wenden. Dann die Folie entfernen und die restliche Brühe über das Gemüse gießen. Blech wieder in den Ofen schieben und das Gemüse in 25 – 30 Minuten fertig rösten.
3. Den Knoblauch schälen und durch die Presse drücken. Schnittlauch abbrausen, trocken schütteln und in feine Röllchen schneiden. Beides in einer großen Schüssel mit restlichem Öl, Zitronensaft und Zucker verrühren und mit Salz und Pfeffer würzen. Das noch heiße Gemüse dazugeben und untermischen. Gut abgedeckt 1 – 3 Stunden bei Raumtemperatur marinieren.
4. Den Meerrettich schälen und fein reiben. Sofort mit dem Schmant verrühren. Meerrettich-Schmant mit Salz und Pfeffer würzen, abdecken und bis zum Servieren in den Kühlschrank stellen.

**ANRICHTEN |** FERTIG PORTIONIERT, **z. B. auf kleinen Tellerchen, lädt das Röstgemüse direkt zum Zugreifen ein. Außerdem wird so garantiert, dass jeder Ihrer Gäste etwas davon bekommt und es kein Gedränge am Buffet gibt.**

# PEPERONATA
## *mit Kapern*

DAS KLASSISCHE SCHMORGERICHT AUS ITALIEN GIBT EIN TOLLES HÄPPCHEN AB. KNOBLAUCH UND KAPERN MACHEN ES BESONDERS FEIN.

**Zutaten für ca. 12 Häppchen**

- je 2 rote, gelbe und orange Paprikaschoten (ca. 1,2 kg)
- 2 große weiße Zwiebeln
- 4 Knoblauchzehen
- 4 EL Olivenöl
- 400 ml Gemüsebrühe
- 100 ml Balsamico bianco oder Weißweinessig
- 4 EL in Salz eingelegte, große Kapern (Glas)
- Pfeffer aus der Mühle

**Zeitbedarf**

- ca. 25 Minuten
- 20 Minuten garen
- mind. 12 Stunden marinieren

**So geht's**

1. Die Paprikaschoten längs halbieren, die Stiele herausbrechen und die Trennwände samt den Kernen herausschneiden. Erst dann die Schotenhälften waschen, damit die übrig gebliebenen Kernchen entfernt werden. Schotenhälften mit einem Sparschäler schälen. Geschälte Schoten in grobe Stücke schneiden. Die Zwiebeln schälen, halbieren und längs in ca. 1 cm breite Spalten schneiden. Knoblauch schälen und in feine Scheiben schneiden.
2. Das Olivenöl in einer großen Pfanne erhitzen. Darin die Paprikastücke und die Zwiebeln bei starker Hitze unter Rühren 1–2 Minuten anbraten. Brühe und Essig dazugießen und aufkochen lassen. Knoblauch untermischen. Den Deckel auf die Pfanne legen und alles bei schwacher Hitze ca. 20 Minuten sanft schmoren lassen, bis die Paprika gar ist, aber noch Biss hat.
3. Deckel abnehmen und die Kapern samt dem anhaftenden Salz unter die Paprika-Zwiebel-Mischung rühren, bei starker Hitze kurz aufkochen lassen, mit Pfeffer würzen und in eine flache Schüssel umfüllen. Peperonata gut abgedeckt im Kühlschrank mindestens 12 Stunden marinieren.

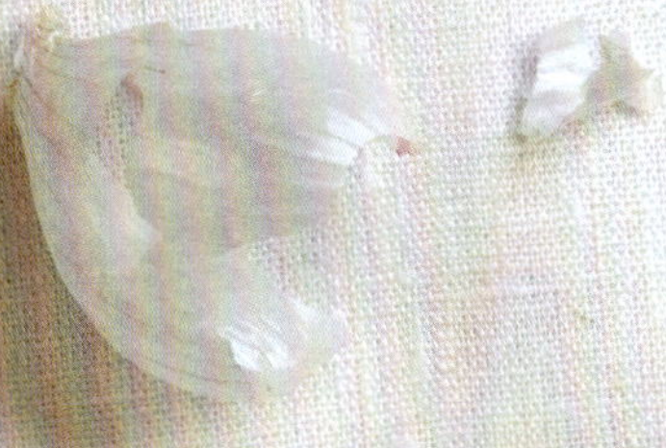

**DEKORIEREN |** HOLZBESTECK **Einmalbesteck oder Pommesgabeln aus Holz können ganz einfach mit z. B. Stempeln oder buntem Klebeband verschönert werden. Peperonata auf kleine Tellerchen oder Schälchen verteilen und je eine Gabel dazu reichen.**

# MARRAKESCH-MÖHREN

## *orientalisch gewürzt*

DIESES HÄPPCHENREZEPT VERLEIHT DEM SONST ETWAS LANGWEILIGEN WURZELGEMÜSE NEUEN GLANZ UND MACHT ES GÄSTEFEIN.

**Zutaten für 20 Stück**

- 20 kleine junge Möhren mit Grün (ca. 600 g; möglichst gleich groß)
- 1 große Bio-Zitrone
- 6 grüne Kardamomkapseln
- 200 ml Olivenöl
- 3 TL Kreuzkümmelsamen
- 2 TL Koriandersamen
- 200 ml Gemüsefond (Glas)
- 1 kleine Knoblauchzehe
- ½ Bund Petersilie
- Salz, Pfeffer aus der Mühle
- 1 EL Honig

**Zeitbedarf**

- ca. 45 Minuten
- mind. 1 Tag marinieren

**So geht's**

1. Möhren schälen und das Grün bis auf 1–2 cm abschneiden. Bei Bedarf welkes Grün entfernen. Die Zitrone heiß waschen und trocken reiben, die Schale fein abreiben, den Saft auspressen. Die Kardamomkapseln mit der flachen Seite eines großen Messers anquetschen, dann die kleinen schwarzen Samen herauslösen.
2. In einer großen Pfanne 5 EL Öl erhitzen. Darin die Möhren bei mittlerer Hitze ca. 5 Minuten anbraten, dabei immer wieder wenden. Kurz vor Ende der Bratzeit alle Gewürzsamen dazugeben. Mit Zitronensaft und Gemüsefond ablöschen und die Möhren abgedeckt bei mittlerer Hitze ca. 10 Minuten garen lassen, bis sie bissfest sind.
3. Inzwischen den Knoblauch schälen und durch eine Presse drücken. Die Petersilie abbrausen und trocken schütteln, die Blättchen abzupfen und grob hacken.
4. Möhren kräftig mit Salz und Pfeffer würzen. Zitronenschale, Knoblauch, Petersilie, Honig und übriges Öl untermischen und erhitzen. Alles noch heiß in eine kleine flache Form füllen, sodass die Möhren knapp mit der Marinade bedeckt sind. Auskühlen lassen, gut abdecken und die Möhren im Kühlschrank mindestens 1 Tag oder für ein intensiveres Aroma 2–3 Tage marinieren.

**ANRICHTEN |** LANDESTYPISCHES GESCHIRR **unterstreicht den Ursprung eines Gerichts oder Häppchens zusätzlich. Marrakesch-Möhren dafür aus der Marinade heben, abtropfen lassen und z. B. in Mini-Tajines servieren. Als Besteck z. B. Häppchenspieße reichen.**

# ORANGEN-PILZE

## *mit Thymian und Pinienkernen*

KRÄUTERSEITLINGE SIND EINE FEINE ALTERNATIVE FÜR DEN SELTENEN STEINPILZ. SIE HABEN EIN FESTES FLEISCH, EIN KRÄFTIGES AROMA UND SIND ALS ZUCHTPILZE DAS GANZE JAHR ERHÄLTLICH.

**Zutaten für ca. 8 Häppchen**

- 8 Kräuterseitlinge (ca. 600 g)
- 2 saftige Bio-Orangen
- 1 Bund Thymian
- 100 – 150 ml Olivenöl
- 4 EL Pinienkerne
- Salz, Pfeffer aus der Mühle
- 200 ml Weißwein

**Zeitbedarf**

- ca. 30 Minuten
- mind. 12 Stunden marinieren

**So geht's**

1. Die Kräuterseitlinge, falls nötig, mit feuchtem Küchenpapier oder einer Pilzbürste säubern, putzen und längs in ca. ½ cm dicke Scheiben schneiden. Die Orangen heiß waschen und trocken reiben, die Schale von 1 Orange fein abreiben und den Saft beider Orangen auspressen. Thymian abbrausen und trocken schütteln.
2. In einer großen Pfanne 2 EL Öl erhitzen. Darin die Pinienkerne unter Rühren bei starker bis mittlerer Hitze goldbraun rösten [→a], herausnehmen.
3. Nochmals etwas Öl in der Pfanne erhitzen. Die Pilze darin portionsweise bei starker Hitze jeweils 3 – 4 Minuten goldbraun braten, dabei immer wieder wenden und nach und nach das restliche Öl dazugeben und mit Salz und Pfeffer würzen. Die gebratenen Pilze in eine flache Form legen, sodass sie leicht überlappend nebeneinanderliegen.
4. Den Bratensatz in der Pfanne mit Orangensaft und Wein ablöschen. Orangenschale und Thymian untermischen, alles aufkochen und 1 Minute köcheln lassen. Marinade mit Salz und Pfeffer würzen und über die Pilze in der Form gießen, bis diese vollständig davon bedeckt sind. Dabei darauf achten, dass Orangenschale und Thymian gut verteilt sind, damit alle Pilze das Aroma annehmen können.
5. Die Pinienkerne über die Pilze streuen. Die Form gut abdecken und die Orangen-Pilze im Kühlschrank mindestens 12 Stunden marinieren lassen.

**ANRICHTEN |** WENN ES SCHNELL GEHEN MUSS **oder für ein Antipasti-Buffet können Häppchen auch direkt in den Formen, in denen sie mariniert wurden, serviert werden. Dann einfach noch Teller, Servietten und Besteck oder Häppchenspieße dazu reichen.**

DAS IST *wirklich* WICHTIG

**[a] PINIENKERNE RÖSTEN** Durch das Rösten in der Pfanne werden Pinienkerne noch aromatischer. Das Öl lässt sie rundum gleichmäßiger bräunen. Dabei die Kerne während des Röstens immer bewegen, damit sie auf einer Seite nicht verbrennen. Sobald sie anfangen zu duften, sind sie fertig, dann gleich aus der Pfanne nehmen.

# MEERESFRÜCHTE-SALAT

## *mit Papaya und Sellerie*

DIESER EXOTISCHE MEERESFRÜCHTE-SALAT SCHMECKT NACH MEHR UND LÄSST SICH GUT MIT WEITEREN MEDITERRANEN ODER ASIATISCHEN HÄPPCHEN KOMBINIEREN.

**Zutaten für ca. 12 Häppchen**

- 500 g gegarte gemischte Meeresfrüchte (z. B. Oktopus, Kalmare, Garnelen, Muscheln)
- 2 große Stangen Staudensellerie
- 1 kleine grüne Papaya (ca. 400 g; Asia-Laden; ersatzweise reife Papaya)
- 1 große rote Zwiebel
- Saft von 1 Zitrone
- Saft von ½ Orange
- 1 TL Zucker
- Salz, Pfeffer aus der Mühle
- 1 Knoblauchzehe
- 2 EL Olivenöl
- 1 kleines Bund Koriandergrün

**Zeitbedarf**

- ca. 30 Minuten
- 4–5 Stunden marinieren

**So geht's**

1. Den Meeresfrüchte-Mix in ein Sieb geben, abbrausen und abtropfen lassen.
2. Den Sellerie waschen, putzen und in dünne Scheiben schneiden. Die Papaya längs halbieren und mit einem Esslöffel die Kerne herauskratzen. Die Hälften mit einem Sparschäler schälen und grob würfeln. Die Zwiebel schälen und nicht zu fein würfeln.
3. Für die Marinade den Zitronen- und Orangensaft mit Zucker verrühren, bis er sich aufgelöst hat, mit Salz und Pfeffer würzen. Den Knoblauch schälen und durch die Presse dazudrücken. Das Olivenöl mit einer Gabel kräftig unterschlagen.
4. Alle vorbereiteten Zutaten in einer Schüssel gründlich mit der Marinade vermischen. Den Salat gut abdecken und im Kühlschrank 4–5 Stunden marinieren.
5. Meeresfrüchte-Salat vor dem Servieren Zimmertemperatur annehmen lassen. Währenddessen den Koriander waschen, trocken schütteln, Blättchen abzupfen und grob hacken und unter den Salat mischen. Nochmals kurz durchziehen lassen.

**ANRICHTEN |** SCHALEN VON JAKOBSMUSCHELN **sind sehr dekorativ und eignen sich gleichzeitig, um kleine Häppchen-Portionen darin zu servieren. Als zusätzliche Tischdeko weitere maritime Elemente wie z. B. Kordeln und Fischernetze darum herum platzieren.**

# HEILBUTT-CEVICHE
## *mit Ananas*

CEVICHE IST EIN FISCHSALAT, DER URSPRÜNGLICH AUS SÜDAMERIKA STAMMT. DORT WIRD ER IN UNZÄHLIGEN VARIANTEN ZUBEREITET. HIER IST EINE DAVON.

**Zutaten für ca. 8 Häppchen**

- 3 große Bio-Limetten
- 1 Stück Ingwer (1–2 cm)
- 1 Knoblauchzehe
- 1 gehäufte EL (Roh-)Rohrzucker
- 400 g Heilbuttfilet (ersatzweise ein anderes weißes Fischfilet, z. B. Kabeljau) **[→a]**
- 1 Stück Ananas (ca. 400 g)
- 1 Bund Frühlingszwiebeln
- 3 große Stängel Basilikum
- 2 EL Sesamöl
- Meersalz, Pfeffer aus der Mühle
- ½ TL Chiliflakes (nach Belieben)

**Zeitbedarf**
- ca. 30 Minuten
- 2–3 Stunden marinieren

**So geht's**

1. Limetten heiß waschen und trocken reiben, von 1 Limette die Schale fein abreiben, von allen Limetten den Saft auspressen. Ingwer und Knoblauch schälen und sehr fein hacken. Alles mit dem Zucker in einer flachen Schüssel zu einer Marinade verrühren.
2. Das Fischfilet, falls nötig, von Gräten befreien. Dafür Gräten mit einer (Fisch-)Pinzette an der Grätenspitze fassen und ganz langsam herausziehen, damit sie komplett entfernt werden und nicht vorher abbrechen. Dabei das Fischfleisch neben der Gräte mit zwei Fingern halten – so bleibt fast kein Fischfleisch an den Gräten haften.
3. Grätenfreies Filet schräg in 2–3 mm dicke Scheiben schneiden. Fisch in die Schüssel zur Marinade geben, gründlich vermengen und gut abgedeckt im Kühlschrank 2–3 Stunden ziehen lassen, dabei ab und zu durchmischen.
4. Marinierte Fischstücke in ein Sieb geben und gut abtropfen lassen, dabei die Marinade auffangen. Ananas schälen und ohne Strunk in ca. 1 cm große Würfel schneiden. Die Frühlingszwiebeln waschen, Wurzelbüschel und ganz dunkles Grün abschneiden. Den weißen und hellgrünen Teil in feine Ringe schneiden. Die Basilikumblättchen von den Stängeln zupfen und in feine Streifen schneiden.
5. Das Fischfilet mit Ananas, Frühlingszwiebeln, Basilikum und Öl vermischen. Ceviche mit Salz, Pfeffer, etwas aufgefangener Marinade und nach Belieben mit Chiliflakes abschmecken.

**DEKORIEREN** | EINMALBESTECK **aus Holz z. B. an den Stielen, passend zur restlichen Tischdekoration, mit naturfarbenen oder bunten Bastbändern umwickeln und verknoten.**

## DAS IST *wirklich* WICHTIG

**[a] ROHER FISCH** Da bei der Zubereitung von Ceviche roher Fisch nur durch die Säure von Zitrusfrüchten „gegart" wird, muss dieser unbedingt ganz frisch sein, also Sushi-Qualität haben. Am besten möglichst grätenfreies Fischfilet ohne Haut verwenden.

# KRÄUTERSARDINEN

## *süßsauer mariniert*

STEIF, PRALL UND GLÄNZEND MÜSSEN SARDINEN SEIN – DANN SIND SIE GANZ FRISCH UND HABEN EIN TOLLES AROMA, DAS HIER MIT EINER MARINADE UNTERSTÜTZT WIRD.

**Zutaten für ca. 6 Häppchen**

- 300 g ganz frische Sardinenfilets (beim Fischhändler vorbestellen)
- Meersalz, Pfeffer aus der Mühle
- 1 Bio-Zitrone
- je ½ kleines Bund glatte Petersilie und Basilikum
- 4 große Zweige Thymian
- 2 Knoblauchzehen
- 6 EL Olivenöl
- 2 EL Pinienkerne
- 200 ml trockener Weißwein
- 150 ml Balsamico bianco
- 2 EL Rosinen
- 3 EL Zucker

**Zeitbedarf**
- ca. 35 Minuten
- 1 Tag marinieren

**So geht's**

1. Sardinenfilets vorsichtig waschen, trocken tupfen und dicht nebeneinander in eine flache Form legen. Mit Salz und Pfeffer würzen. Die Zitrone heiß waschen und trocken reiben, die Schale fein abreiben und den Saft auspressen. Beides gleichmäßig über den Sardinen verteilen.
2. Die Kräuter abbrausen und trocken schütteln, die Blättchen von den Stielen zupfen bzw. streifen. Petersilien- und Basilikumblätter in feine Streifen schneiden. Knoblauch schälen und fein hacken.
3. In einer großen Pfanne das Öl erhitzen und die Pinienkerne darin goldbraun rösten (s. Seite 68/69). Den Knoblauch dazugeben und kurz andünsten. Wein, Balsamico, Rosinen und Zucker dazugeben, aufkochen und bei starker Hitze 5 Minuten kochen lassen. Pfanne von der heißen Herdplatte nehmen und die Kräuter untermischen.
4. Sardinen sofort mit der heißen Kräutermarinade übergießen. Durch Hin- und Herbewegen der Form die Marinade gut verteilen, damit die Aromen gleichmäßig einwirken können. Die Form abdecken und die Sardinen 1 Tag im Kühlschrank marinieren.

**ANRICHTEN |** HÄPPCHEN-GESCHIRR **muss man nicht extra kaufen. Häufig bekommt man z. B. Glasschälchen beim Kauf von Desserts aus dem Kühlregal direkt mitgeliefert. 1 – 2 Kräutersardinen samt etwas Marinade in ein Schälchen legen und Gabeln oder Spieße dazu reichen.**

# AUS DEM OFEN

## *Cracker, Grissini & Brot*

DIESE REZEPTE FÜR HERZHAFTE KNUSPEREIEN UND BROTE SIND ZU ALLEN REZEPTEN AUS DIESEM KAPITEL EINE TOLLE ERGÄNZUNG. ABER AUCH SOLO ZU EINEM FEINEN GETRÄNK (S. REZEPTE SEITE 118/119) ODER ZUSAMMEN MIT DIPS & CO. (S. REZEPTE SEITE 52/53) MÖCHTE MAN DIE HÄPPCHEN AUS DEM OFEN BALD NICHT MEHR MISSEN.

### ROSMARIN-CRACKER

**Für ca. 30 Stück: 100 g Mehl, ½ TL Backpulver, 50 g kalte Butter in Flöckchen, 2 EL saure Sahne, ½ TL Salz, 2 EL frisch gehackter Rosmarin**

**So geht's:** Mehl mit Backpulver mischen und auf die Arbeitsfläche häufen. Butter, saure Sahne, Salz und Rosmarin dazugeben. Alles gründlich mit einer Teigkarte oder einer Palette durchhacken, bis die Butter fein verteilt ist, dann rasch zu einem glatten Teig verkneten. Teig zu einer Rolle (ca. 3 cm Ø) formen, in Alu- oder Klarsichtfolie wickeln und mindestens 1 Stunde (geht auch über Nacht) in den Kühlschrank legen. Den Backofen auf 200 °C (Ober- und Unterhitze; Umluft 180 °C) vorheizen, ein Backblech mit Backpapier auslegen. Die Teigrolle in ca. ½ cm dicke Scheiben schneiden und auf das Blech legen. Im Ofen (Mitte) in ca. 10 Minuten hell backen.

### OLIVEN-GRISSINI

**Für ca. 20 Stück: 50 g grüne oder schwarze Oliven (ohne Stein), 1 Pck. Pizzateig (400 g; Kühlregal), 3 EL Olivenöl, 1 TL Salz, 1 TL Zucker**

**So geht's:** Den Backofen auf 220 °C (Umluft; Ober- und Unterhitze nicht empfehlenswert) vorheizen. Oliven nicht zu fein hacken. Pizzateig entrollen, Backpapier entfernen. Teig auf eine mehlbestäubte Arbeitsfläche legen und quer halbieren. Die Oliven gleichmäßig auf eine Teighälfte streuen, die andere Teighälfte darüberlegen und gut andrücken. Den Teig mit einem Messer quer in ca. 1 cm breite Streifen schneiden. Jeden Streifen mit bemehlten Händen zu ca. 30 cm langen, dünnen Stangen rollen und mit Abstand auf zwei mit Backpapier ausgelegte Bleche verteilen. 3–4 EL Wasser mit Olivenöl, Salz und Zucker verrühren und die Stangen damit dünn einpinseln. Im Ofen (ein Blech oben, eines unten) in 10–12 Minuten goldbraun und knusprig backen.

## MEERSALZ-SESAM-KISSEN

**Für ca. 40 Stück: 1 Pck. Blätterteig (270 g; Kühlregal), 1 Eigelb (Größe S), 1 EL Milch oder Sahne, 3 EL Sesam (geschält oder ungeschält), 1 TL Fleur de Sel (ersatzweise ein anderes Meersalz)**

**So geht's:** Blätterteig 5–10 Minuten vor dem Verarbeiten aus dem Kühlschrank nehmen. Den Backofen auf 220 °C (Ober- und Unterhitze; Umluft 200 °C) vorheizen. Den Teig entrollen und mit dem Backpapier auf ein Backblech legen. Eigelb mit Milch, Sahne oder 1 EL Wasser verquirlen und den Teig dünn damit einpinseln. Mit einem Teigrad den Teig in ca. 5 cm große Quadrate schneiden. Sesam und Salz mischen und die Teigstücke gleichmäßig damit bestreuen. Im Ofen (Mitte) in ca. 12 Minuten goldbraun und knusprig backen.

## KLEINE GEWÜRZBROTE

**Für 12 Stück: Fett für die Form, 200 g Weizenmehl (Type 405), 200 g Weizenvollkornmehl, je 1 TL Salz, gem. Koriander, Fenchel und Kümmel, 10 g frische Hefe, 1 TL Zucker, 1 Pck. Natur-Sauerteig (75 g), Koriander-, Fenchel- und/oder Kümmelsamen (nach Belieben)**

**So geht's:** Die Mulden eines 12er-Muffinblechs einfetten und mit Mehl einstäuben. Mehle mit Salz und gem. Gewürzen in eine Rührschüssel geben. Die Hefe in 300 ml lauwarmes Wasser bröckeln. Zucker und Sauerteig dazugeben, verrühren. Den Ansatz zum Mehl gießen und alles mit den Knethaken eines Handrührgeräts in 4–5 Minuten zu einem glatten, leicht klebrigen Teig verkneten. Teig in 12 gleich große Stücke teilen, auf der bemehlten Arbeitsfläche zu Kugeln formen, in die Blechvertiefungen setzen und mit wenig Mehl bestäuben. Mit einem Tuch und darüber Alufolie locker abdecken und im Kühlschrank ca. 12 Stunden (am besten über Nacht) gehen lassen. Dann aus dem Kühlschrank holen und vor dem Backen noch 1 Stunde bei Raumtemperatur weiter gehen lassen. Den Backofen auf 220 °C (Ober- und Unterhitze; Umluft 200 °C) vorheizen, dabei eine ofenfeste Schüssel mit Wasser auf den Ofenboden stellen. Die Brote mit einer Küchenschere kreuzweise einschneiden, mit Wasser besprenkeln und nach Belieben noch mit wenig Koriander-, Fenchel- und/oder Kümmelsamen bestreuen. Im Ofen (Mitte) in 20–25 Minuten knusprig backen. Herausnehmen, kurz abkühlen lassen und aus der Form lösen.

## SCHMANT-FOCACCIA

**Für eine quadratische Backform (ca. 24 x 24 cm; 16 Scheiben): Fett für die Form, ½ Würfel frische Hefe (ca. 20 g), 250 g Mehl (am besten Type 550, sonst 405), 1 TL Salz, 150 g Schmant, 1 EL Olivenöl**

**So geht's:** Die Backform einfetten und mit Mehl einstäuben. Die Hefe in einer Rührschüssel in ¼ l lauwarmem Wasser auflösen. Mehl und Salz dazugeben und alles mit den Knethaken des Handrührgeräts in 4–5 Minuten zu einem glatten, klebrigen Teig verkneten. Ist der Teig zu flüssig, noch 2–3 EL Mehl dazugeben. Den Teig in die Form füllen und mit wenig Mehl bestäuben, mit Alufolie abdecken und im Kühlschrank ca. 12 Stunden (am besten über Nacht) gehen lassen. Dann aus dem Kühlschrank holen und vor dem Backen noch 1–2 Stunden bei Raumtemperatur weiter gehen lassen. Den Backofen auf 220 °C (Ober- und Unterhitze; Umluft 200 °C) vorheizen. Den Teig mit dick bemehlten Fingern mehrmals „einstechen", sodass er etwas zusammenfällt. Schmant, Öl und 1–2 EL Wasser glatt rühren, leicht salzen und in kleinen Klecksen gleichmäßig auf dem Teig verteilen. Im Ofen (Mitte) ca. 25 Minuten backen. Herausnehmen, kurz abkühlen lassen, aus der Form lösen.

# KNUSPRIG

## *Feines für Drunter & Drüber*

SIE SIND WIEDER ZURÜCK! ZU RECHT, DENN HERZHAFT BELEGTE BROTE IN ALLEN VARIATIONEN SIND NICHT NUR UNGLAUBLICH VIELFÄLTIG IN DER ZUBEREITUNG, SONDERN LIEGEN AUCH GUT IN DER HAND.

# CROISSANTS

## *mit Taleggio und Feigen*

FEIGEN HABEN VON JULI BIS NOVEMBER SAISON. DANN SIND DIE UNTER PRALLER SONNE GEREIFTEN FRÜCHTE INNEN WEICH UND VOLLER AROMA.

**Zutaten für 4–8 Stück**

- 4 dunkle süße oder helle säuerliche Feigen
- 5 EL Aceto balsamico (möglichst sehr gute Qualität)
- 1 TL Honig
- Salz, Pfeffer aus der Mühle
- 100 g Taleggio (nordital. Weichkäse)
- 1 Handvoll Portulak oder Rucola zum Garnieren
- 2 Croissants

**Zeitbedarf**

- ca. 15 Minuten
- mind. 1 Stunde marinieren

**So geht's**

1. Die Feigen vorsichtig unter fließendem Wasser waschen, trocken tupfen, Stiele knapp abschneiden und die Früchte der Länge nach sechsteln oder achteln – je nach Größe. Die Feigenspalten nebeneinander dicht an dicht in eine flache Schale legen. Den Essig mit Honig, Salz und Pfeffer verrühren und die Feigen damit beträufeln. Gut abdecken und mindestens 1 Stunde im Kühlschrank marinieren lassen (aber nicht länger als 3–4 Stunden).
2. Den Taleggio in 8 dünne Scheiben schneiden. Portulak abbrausen und trocken schütteln, grobe Stiele mit einer Küchenschere abknipsen. Beides abdecken und ebenfalls kalt stellen.
3. Ein Backblech mit Backpapier auslegen. Kurz vor dem Servieren den Backofengrill anschalten. Croissants horizontal aufschneiden und die Hälften nach Belieben nochmals quer halbieren. Die Croissants auf das Backblech legen, mit den Feigen belegen, Käsescheiben darauf verteilen und mit etwas Pfeffer übermahlen. Im Ofen (Mitte) 2–4 Minuten gratinieren, bis der Käse zerlaufen und leicht goldbraun ist **[→a]**. Herausnehmen, mit Portulak oder Rucola garnieren.

**DEKORIEREN |** KÜCHENBRETTCHEN **aus Holz sind nicht nur praktisch als Schneideunterlage oder um das Abendbrot darauf zu essen. Mit schönen Bändern und Blüten dekoriert können darauf ohne Weiteres auch Häppchen serviert werden.**

## DAS IST *wirklich* WICHTIG

**[a] GRATINIEREN** Beim Überbacken unter dem Backofengrill ist die Hitze so groß, dass Croissants, Feigen und Käse von einer Sekunde auf die andere verbrennen können. Darum am besten die ganze Zeit neben dem Ofen stehen bleiben – so können die Croissants genau zum richtigen Zeitpunkt herausgeholt werden.

# GEFLÜGEL-TRAMEZZINI
## *mit Ananas-Basilikum-Salsa*

TRAMEZZINI HABEN IHREN URSPRUNG IN TURIN. KLASSISCH WERDEN DAFÜR ZWEI SCHEIBEN WEICHES WEISSBROT OHNE RINDE MIT EINEM FEINEN BELAG GEFÜLLT.

**Zutaten für 8 Stück**

- 1 Stück Ananas (ca. 200 g)
- 1 Handvoll Basilikumblättchen
- Saft von ½ Limette
- Salz
- 1 TL Honig
- ½ TL Chiliflakes
- 8 Salatblätter (z. B. grüner Kopfsalat, Batavia)
- 8 Scheiben Sandwichtoastbrot
- 100 g heiß geräucherte Entenbrust (in feinen Scheiben)

**Zeitbedarf**

- ca. 25 Minuten

**So geht's**

1. Für die Salsa die Ananas schälen und den harten Strunk herausschneiden. Das Fruchtfleisch in grobe Stücke schneiden, dann fein hacken. Basilikumblättchen in feine Streifen schneiden und mit der Ananas vermischen. Die Salsa mit Limettensaft, Salz, Honig und Chiliflakes würzen.
2. Die Salatblätter abbrausen und trocken tupfen, falls nötig, dicke Mittelrippen herausschneiden. Die Brotscheiben entrinden und 4 Scheiben mit je 2 sich überlappenden Salatblättern belegen.
3. Geräucherte Entenbrustscheiben auf die Salatblätter legen. Die Salsa darüber verteilen, übrige Brotscheiben daraufsetzen und leicht andrücken. Sandwiches diagonal halbieren. Tramezzini in Klarsichtfolie wickeln und bis zum Servieren in den Kühlschrank legen (aber nicht länger als 1 Stunde).

**ANRICHTEN |** HÄPPCHENSPIESSE **sind nicht nur zum Aufpieken gut. Bei dick belegten Sandwiches helfen sie, beide Brotscheiben zusammenzuhalten. Dafür einfach einen Spieß durch die Mitte jedes Tramezzini stechen.**

# BRUSCHETTA
## *mit dreierlei Tomaten*

DIESER ITALIENISCHE KLASSIKER IST DENKBAR EINFACH UND BEWEIST, WIE GLÜCKLICH DIE SIMPELSTEN HÄPPCHEN MACHEN KÖNNEN.

**Zutaten für 16 Stück**

- 2 Schalotten
- 3 Knoblauchzehen
- 50 g in Öl eingelegte, getrocknete Tomaten
- je 250 g gelbe und rote Kirschtomaten
- 4 EL Olivenöl
- Salz, Pfeffer aus der Mühle
- 4 große, dünne Scheiben Bauernbrot (ca. 400 g)
- 4 große Stängel Basilikum

**Zeitbedarf**
- ca. 30 Minuten

**So geht's**

1. Schalotten und 2 Knoblauchzehen schälen und in möglichst feine Würfel schneiden. Getrocknete Tomaten abtropfen lassen und ebenfalls fein würfeln. Die gelben und roten Tomaten waschen und achteln. Vorbereitete Zutaten in eine Schüssel geben, Öl darübergießen und alles gründlich vermischen. Mit Salz und Pfeffer würzen. Gut abdecken und bis zum Gebrauch in den Kühlschrank stellen (aber nicht länger als 3–4 Stunden).
2. Kurz vor dem Servieren den Backofengrill vorheizen. Die Brotscheiben auf einen Backofenrost legen und im Ofen (oben) in ca. 5 Minuten knusprig rösten, dabei einmal wenden. Den übrigen Knoblauch schälen. Die Basilikumblättchen von den Stielen zupfen, in feine Streifen schneiden und unter die Tomatenmischung heben. Entstandene Flüssigkeit vorher abgießen.
3. Die gerösteten Brotscheiben mit dem geschälten Knoblauch einreiben und vierteln. Die Tomatenmischung auf den Brotvierteln verteilen. Die Bruschette mit Pfeffer übermahlen und bei Bedarf noch wenig salzen.

**DEKORIEREN |** NADEL UND FADEN **Ein Stück Packpapier so groß zuschneiden, dass alle Bruschette daraufpassen. Jetzt die Ränder entweder mit dickerem Nähgarn in den Farben der italienischen Flagge in einfachen Linien umsticken oder mit der Nähmaschine umnähen.**

# BRUSCHETTA

## *mit mariniertem Radicchio*

HIER ÜBERRASCHT DAS ITALIENISCHE ANTIPASTI-HÄPPCHEN MIT EINEM BELAG AUS SALAT UND EINER GETROCKNETEN FRUCHT.

**Zutaten für 16 Stück**

- 2 Radicchio (à ca. 150 g)
- 80 g getrocknete Cranberrys
- 4 EL Aceto balsamico
- 4 EL Olivenöl
- 4 TL Honig
- Salz, Pfeffer aus der Mühle
- 2 Frühlingszwiebeln
- 4 EL Pinienkerne
- 4 große Scheiben ital. Weißbrot (z. B. Toskanabrot; ca. 400 g)
- 200 g Ricotta

**Zeitbedarf**

- ca. 25 Minuten
- 1 Stunden marinieren

**So geht's**

1. Äußere welke Blätter vom Radicchio entfernen. Die Köpfe längs vierteln und den Strunk herausschneiden. Die Radicchioviertel quer in 1 – 2 cm breite Streifen schneiden, in eine Schüssel geben. Cranberrys fein hacken und zusammen mit Essig, Olivenöl, Honig, Salz und Pfeffer gründlich mit dem Radicchio vermischen. Gut abdecken und 1 Stunde im Kühlschrank marinieren lassen.
2. Frühlingszwiebeln waschen, putzen und schräg in feine Ringe schneiden. Abdecken und ebenfalls kalt stellen. Pinienkerne in einer kleinen Pfanne ohne Fett goldbraun rösten, herausnehmen und beiseitestellen.
3. Kurz vor dem Servieren den Backofengrill vorheizen. Die Brotscheiben auf einen Backofenrost legen und im Ofen (oben) in ca. 5 Minuten knusprig rösten, dabei einmal wenden.
4. Brotscheiben vierteln, mit Ricotta bestreichen und den marinierten Radicchio darauf verteilen. Die Bruschette mit Frühlingszwiebeln und Pinienkernen bestreuen, mit Pfeffer übermahlen.

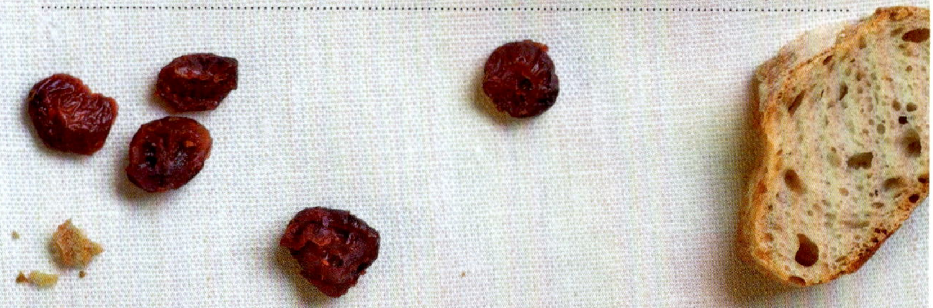

**ANRICHTEN** | DEKORATIVES HOLZ **Bruschetta passen gut auf einen Untergrund aus Holz. Dafür eignen sich rustikale Küchenbrettchen, aber z. B. auch Baumscheiben. Es gibt sie in vielen verschiedenen Größen z. B. im Internet zu kaufen.**

# RÜHREI-TOASTS
## *mit Senfcreme und Sprossen*

RÜHREI MIT SPECK IST ZUM SONNTAGSFRÜHSTÜCK BESTENS BEKANNT. JETZT WIRD DER KLASSIKER HÄPPCHENFEIN GEMACHT – UND DAS STEHT IHM GUT.

### Zutaten für 12 Stück

- 4 Eier (Größe M)
- 4 EL Milch
- Salz, Pfeffer aus der Mühle
- 2 EL Butter
- 80 g Crème fraîche
- 2 TL mittelscharfer Senf
- 4 Scheiben Sandwichtoastbrot
- 2 Handvoll Rettichsprossen (ersatzweise 1 Kästchen Gartenkresse)

### Zeitbedarf

- ca. 20 Minuten

### So geht's

1. Eier in eine Schüssel aufschlagen, mit der Milch verquirlen und mit Salz und Pfeffer würzen. In einer großen beschichteten Pfanne die Butter zerlassen. Darin die Eier bei mittlerer Hitze in 1–2 Minuten zu einem saftigen Rührei braten **[→a]**. Auskühlen lassen, gut abdecken und bis zum Servieren in den Kühlschrank stellen (aber nicht länger als 4–5 Stunden).
2. Crème fraîche mit dem Senf glatt rühren und mit Salz und Pfeffer abschmecken. Abdecken und ebenfalls kalt stellen.
3. Kurz vor dem Servieren die Brotscheiben im Toaster goldbraun rösten. Die Toastscheiben mit der Senfcreme bestreichen und das Rührei darauf verteilen. Brote jeweils in 3 lange Streifen schneiden, mit den Rettichsprossen garnieren und die Häppchen nach Belieben mit Pfeffer übermahlen.

**DIE VARIANTE |** EIER-GARNELEN-TOASTS

**3 Eier (Größe M), 3 EL Milch, Salz, Pfeffer aus der Mühle, 2 EL Butter, 80 g kleine gegarte, geschälte Garnelen, 80 g Crème fraîche, 2 TL Honigsenf, 4 Scheiben Sandwichtoastbrot, 4 Stängel Dill** Eier und Milch verquirlen, salzen, pfeffern und wie beschrieben mit der Butter zu einem Rührei braten, dabei zum Schluss die Garnelen untermischen. Abgekühltes Rührei abdecken und kalt stellen. Crème fraîche und Honigsenf verrühren, mit Salz und Pfeffer würzen, ebenfalls kalt stellen. Kurz vor dem Servieren das Brot toasten, mit der Senfcreme bestreichen und dem Garnelenrührei belegen. Dill abbrausen und trocken schütteln, die Spitzen abzupfen und die Häppchen damit garnieren. Die Toast in je 3 Streifen schneiden.

[a]

## DAS IST *wirklich* WICHTIG

**[a] RÜHREI BRATEN** Damit ein Rührei saftig und nicht trocken auf den Teller kommt, aufgeschlagene Eier sanft mit einer Gabel, nicht mit einem Schneebesen verquirlen, sodass alles glatt verbunden ist, aber nicht schäumt. Die Eier in einem Schwung in eine Pfanne gießen, die so groß ist, dass die Eiermasse den Boden gut bedeckt, sie aber nicht zu hoch darin steht. Masse anstocken lassen, dann erst mit dem Rühren beginnen, bis die Masse zwar fest, aber noch feucht ist.

# MATJES-BROTE
## *mit Apfel und Dill*

MATJES HABEN VON ENDE MAI BIS ANFANG JUNI SAISON. DANN WERDEN IN DER NORDSEE VOR DÄNEMARK UND NORWEGEN JUNGE HERINGE GEFANGEN UND IN EINER MILDEN SALZLAKE ZU MATJES EINGELEGT.

**Zutaten für 12 Stück**

- 2 doppelte Matjesfilets (à ca. 100 g)
- 1 weiße oder rote Zwiebel
- 80 g süßsauer eingelegte Essiggurken
- ½ kleiner, säuerlicher grüner Apfel (z. B. Granny Smith)
- 10 Stängel Dill
- 100 g Schmant
- 4–5 EL Gurkensud
- Salz, Pfeffer aus der Mühle
- 6 kleine, dicke Scheiben Bauernbrot (à ca. 80 g)
- Butter zum Bestreichen

**Zeitbedarf**
- ca. 25 Minuten
- mind. 1 Stunde marinieren

**So geht's**

1. Die Matjesfilets jeweils aufklappen und flach auseinanderdrücken. Jetzt am hinteren Ende der Filets entlangfahren und eventuell vorhandene Reste der Mittelgräte nach oben biegen. Mit dem Messer darunterfahren und die Gräte samt dem Schwanz abschneiden. Die dadurch entstandenen Filethälften quer in ca. 1 cm große Stücke schneiden.
2. Die Zwiebel schälen und klein würfeln. Die Gurken ebenfalls in kleine Würfel schneiden. Die Apfelhälfte waschen, halbieren und entkernen. Die Hälften längs in 1 cm dicke Spalten und diese quer in feine Streifen schneiden. Den Dill abbrausen und trocken schütteln, die Spitzen abzupfen und knapp die Hälfte davon fein hacken.
3. Schmant mit Gurkensud, Salz und Pfeffer glatt verrühren. Matjes, Zwiebel, Gurken, Apfel und gehackten Dill untermischen. Gut abdecken und mindestens 1 Stunde oder für ein intensiveres Aroma über Nacht in den Kühlschrank stellen.
4. Kurz vor dem Servieren die Matjesmischung mit Salz und Pfeffer abschmecken. Einige Spitzen Dill für die Garnitur beiseitelegen, den übrigen Dill grob kleiner schneiden.
5. Die Brotscheiben mit Butter bestreichen und mit dem geschnittenen Dill bestreuen. Die Scheiben quer halbieren und die Matjesmischung darauf verteilen. Zum Schluss mit den beiseitegelegten Dillspitzen garnieren.

**DEKORIEREN** | FRISCHE ZUTATEN **peppen belegte Brote auf und lassen sie noch appetitlicher aussehen. Dafür eignen sich am besten Kräuter, aber auch Zutaten, die schon im Belag enthalten sind, wie bei diesem Rezept z. B. dünne Zwiebelringe und Apfelstückchen.**

# AVOCADO-CROSTINI
## *mit Bärlauch*

DIE GERÖSTETEN BROTSCHEIBEN, DIE IMMER MIT EINEM BELAG VERFEINERT WERDEN, SOLLTEN IM UNTERSCHIED ZU BRUSCHETTE ETWAS KLEINER SEIN.

**Zutaten für 8 Stück**

- 10 Bärlauchblätter (ersatzweise 20 Basilikumblätter)
- 1 Schalotte
- 80 g Kirschtomaten
- Saft von ½ Limette
- 1 EL Olivenöl
- 1 Avocado (ca. 200 g)
- Salz, Pfeffer aus der Mühle
- 1 TL Zucker
- 8 große, dünne Scheiben Baguette

**Zeitbedarf**

- ca. 15 Minuten

**So geht's**

1. Bärlauch abbrausen und trocken tupfen, die Stiele mit einem Messer abzwicken und die Blätter in feine Streifen schneiden. Die Schalotte schälen und sehr fein würfeln. Die Tomaten waschen und in kleine Würfel schneiden. Alle vorbereiteten Zutaten mit Limettensaft und Olivenöl vermischen.
2. Die Avocado längs rundherum bis zum Kern einschneiden, dann die Hälften gegeneinanderdrehen und auseinanderlösen. Den Kern mit einem kleinen, spitzen Messer anpieksen und aus der Avocadohälfte heben. Das Fruchtfleisch mit einem Esslöffel aus der Schale lösen und in kleine Würfel schneiden, dann unter die Bärlauchmischung heben. Mit Salz, Pfeffer und Zucker abschmecken. Gut abdecken und bis zum Servieren in den Kühlschrank stellen (aber nicht länger als 1 Stunde).
3. Kurz vor dem Servieren die Baguettescheiben im Toaster goldbraun rösten. Die Avocado-Bärlauch-Mischung auf den Brotscheiben verteilen.

**ANRICHTEN |** SCHÖNE SERVIETTEN **Wenn Sie Häppchen anbieten, sollten Sie auch immer mit Servietten ausgerüstet sein. Sie sehen zum einen schön aus und können als Deko fungieren. Zum anderen sind sie sehr praktisch und ersetzen auch mal die Teller.**

# BÜNDNER CROSTINI

## *mit Birnen und Walnussmayo*

FÜR BÜNDNER FLEISCH WERDEN GEPÖKELTE RINDERKEULEN MONATELANG GETROCKNET UND GEPRESST. DAS ERGEBNIS IST EIN ZARTES, HERZHAFTES FLEISCH.

**Zutaten für 8 Stück**

- 50 g Walnusskerne
- 3 EL Mayonnaise
- Salz, Pfeffer aus der Mühle
- 1 große, feste Birne
- 1 EL frisch gepresster Zitronensaft
- 1 EL Butter
- 1 TL Zucker
- 8 große, dünne Scheiben Baguette
- 24 hauchdünne Scheiben Bündner Fleisch (ca. 60 g)
- 1 Handvoll Rucolablätter für die Garnitur (nach Belieben)

**Zeitbedarf**

- ca. 20 Minuten

**So geht's**

1. Für die Mayo Walnüsse fein hacken und in einer Pfanne ohne Fett rösten, bis sie duften. Mit der Mayonnaise verrühren und mit Salz und Pfeffer würzen. Gut abdecken und bis kurz vor dem Servieren in den Kühlschrank stellen (aber nicht länger als 2–3 Stunden).
2. Die Birne längs vierteln, schälen und entkernen. Die Viertel der Länge nach in je 4 gleich große Spalten schneiden und sofort mit dem Zitronensaft mischen. Die Butter in einer großen Pfanne zerlassen und die Birnenspalten darin bei mittlerer Hitze auf jeder Seite 1 Minute andünsten. Den Zucker darüberstreuen und karamellisieren lassen. Mit Salz und Pfeffer würzen. Birnenspalten aus der Pfanne nehmen, abkühlen lassen, abdecken und bis zum Servieren ebenfalls kalt stellen.
3. Kurz vor dem Servieren die Baguettescheiben im Toaster goldbraun rösten, etwas abkühlen lassen, dann mit der Walnussmayo bestreichen und mit dem Bündner Fleisch und den Birnen belegen. Nach Belieben die Crostini mit 1–2 Rucolablättern garnieren und mit Pfeffer übermahlen.

# KRÄUTER-PITA

## *mit feurigem Kichererbsenpüree*

STATT FLEISCH VOM SPIESS KOMMEN GESTAMPFTE KICHERERBSEN, ZWIEBELN UND REICHLICH KRÄUTER IN DEN FLADEN – EIN TOLLES HÄPPCHEN FÜR VEGETARIER.

**Zutaten für 8 Stück**

- 1 Dose Kichererbsen (240 g Abtropfgewicht)
- Saft von 3 großen Limetten
- 6 EL Olivenöl
- 2 TL Harissa (scharfe Gewürzpaste)
- Salz
- 1 kleine rote Zwiebel
- 1 kleiner Stängel Minze
- 2 große Stängel Basilikum
- 1 Bund Koriandergrün
- 2 TL Zucker
- 4 Pita-Fladen (Fertigprodukt)
- 1 Handvoll Blattsalat-Mischung

**besonderes Werkzeug**

- Kartoffelstampfer

**Zeitbedarf**

- ca. 20 Minuten

**So geht's**

1. Kichererbsen in ein Sieb geben, abbrausen und abtropfen lassen. Mit einem Drittel des Limettensafts, 1 EL Olivenöl und Harissa in eine flache Schüssel geben und mit dem Kartoffelstampfer oder einer Gabel zu einem groben Püree zerstampfen. Mit Salz würzen. Gut abdecken und bis zum Servieren in den Kühlschrank stellen (aber nicht länger als 4–5 Stunden).
2. Die Zwiebel schälen und in dünne Ringe schneiden. Die Kräuter abbrausen und trocken schütteln, die Blättchen abzupfen und grob hacken. Die Kräuter mit Zucker, übrigem Limettensaft und Öl verrühren, wenig salzen. Zwiebel und Kräuteröl abdecken und ebenfalls kalt stellen. Blattsalat-Mischung waschen und gut abtropfen lassen, große Blätter bei Bedarf klein zupfen.
3. Kurz vor dem Servieren die Pita-Fladen nacheinander im Toaster oder in der Mitte des 200 °C vorgeheizten Backofens 2–3 Minuten aufbacken. Fladen kurz auskühlen lassen, dann quer halbieren und die Öffnungen aufdrücken. Pitas füllen, dafür nacheinander jeweils etwas Salat, Kräuteröl, Kichererbsenpüree und Zwiebeln in die Öffnungen verteilen und zum Schluss mit übrigem Kräuteröl beträufeln.

**ANRICHTEN |** IN TÜTEN **Passende Wrap-Tüten, um die Pitas hineinzusetzen, gibt es (im Internet) zu kaufen. Zum Selberbasteln aus weißem Pergamentpapier oder farbigen dünnen Papierbögen 8 Quadrate (20 x 20 cm) zuschneiden. Jedes Quadrat in der Mitte zusammenfalten. Die offenen Seiten einmal knapp einschlagen und mit Heft- oder Büroklammern fixieren.**

# BESTES AUFS BROT

## *eine bunte Auswahl*

DIE GUTEN, ALTEN BELEGTEN SCHNITTCHEN ODER CANAPÉS MÖGEN IHREN URSPRUNG ZWAR IM 19. JAHRHUNDERT HABEN, SIND ABER NOCH LANGE NICHT SO VERSTAUBT, WIE SIE VIELLEICHT DACHTEN.

Ganz im Gegenteil – noch nie war die Auswahl für das „Drunter und Drüber" so groß wie heute: Beim Bäcker oder im Supermarkt ist das Angebot an gutem Brot in allen Varianten fast unüberschaubar. Oder vielleicht backen Sie Ihr Brot wie viele andere sogar wieder selbst (s. auch Rezepte Seite 77)?
Die Rezepte aus diesem Kapitel haben schon einige Ideen für die Brotbasis gegeben: geröstetes Weißbrot, Croissants, (Sandwich-) Toastbrot, Bauernbrot und Pita. Probieren Sie aber z. B. auch Laugengebäck, Knäckebrot, kleine Party-Brötchen, Naan, Pumpernickel und vieles mehr. Dann bei Bedarf einfach nur noch in handliche Häppchengröße schneiden und nach Lust und Laune belegen und garnieren. Einige Ideen dafür finden Sie hier.

Alle Rezepte für die folgenden Brotbeläge sind gut vorzubereiten und können abgedeckt bis zum Gebrauch ein paar Stunden in den Kühlschrank gestellt werden. Die Mengen reichen je nach Größe für 10–20 Brothäppchen.

### WÜRZIGE KÄSECREME

**1 Stange Staudensellerie, 1 EL Walnusskerne, 50 g Gorgonzola, 200 g Doppelrahm-Frischkäse, 2–3 EL Milch oder Sahne, Salz, Pfeffer aus der Mühle**

**So geht's:** Den Sellerie waschen, putzen und sehr klein würfeln. Nüsse grob hacken, Gorgonzola in kleine Würfel schneiden. Den Frischkäse mit der Milch oder Sahne cremig rühren und alle vorbereiteten Zutaten gründlich untermischen, salzen und pfeffern.

### SPARGEL-KÄSE-TATAR

**400 g weißer Spargel, 1–2 EL frisch gepresster Zitronensaft, 2 EL Olivenöl, 4 EL frisch geriebener Parmesan, Salz, Pfeffer aus der Mühle, 4 EL gehackte Kerbelblättchen**

**So geht's:** Den Spargel schälen und die unteren holzigen Enden großzügig abschneiden. Die Stangen erst grob kleiner schneiden, dann sehr fein hacken. Mit Zitronensaft, Öl und Parmesan vermengen. Mit Salz und Pfeffer würzen und Kerbelblättchen untermischen.

## EIER-SCHNITTLAUCH-CREME

**4 hartgekochte Eier (Größe M), 2 Cornichons, 1 großes Bund Schnittlauch, 2 Sardellenfilets (in Öl), 50 g Mayonnaise légère oder Joghurt-Salat-Creme, Salz, Pfeffer aus der Mühle**

**So geht's:** Eier schälen. Cornichons klein würfeln. Schnittlauch abbrausen, trocken schütteln und in ganz feine Röllchen schneiden. Sardellenfilets abtropfen lassen, mit einer Gabel fein zerdrücken und mit Mayonnaise oder Salat-Creme verrühren. Restliche vorbereitete Zutaten untermischen, mit Salz und Pfeffer würzen.

## WEISSE BOHNENCREME

**2 Dosen weiße Bohnen (à 240 g Abtropfgewicht), 1 große Knoblauchzehe, 100 ml Gemüsebrühe, 2 EL Balsamico bianco, 2 EL Olivenöl, 10 große Minzeblättchen, 1 TL rosenscharfes Paprikapulver, Salz**

**So geht's:** Die Bohnen in ein Sieb geben, abbrausen und abtropfen lassen. Knoblauch schälen und grob schneiden. Beides mit Gemüsebrühe, Essig und Öl in einen hohen Rührbecher geben und mit einem Pürierstab zu einer feinen Creme verarbeiten. Minzeblättchen fein hacken und untermischen. Mit Paprika und Salz würzen.

## THUNFISCH-FENCHEL-TARTAR

**200 g ganz frischer Thunfisch (Sushi-Qualität), 1 Stück Fenchel (ca. 100 g), 3–4 EL frisch gepresster Limettensaft, 2 EL Olivenöl, Fleur de Sel, Pfeffer aus der Mühle**

**So geht's:** Thunfisch abbrausen und trocken tupfen, grob kleiner schneiden, dann sehr fein hacken. Fenchel waschen, putzen und ebenfalls sehr fein hacken. Beides mit Limettensaft und Öl vermischen. Mit Salz und Pfeffer würzen.

## FORELLEN-DILL-CREME

**4 große Stängel Dill, 200 g Crème fraîche, 100 g geräuchertes Forellenfilet, 1 EL frisch gepresster Zitronensaft, Salz, Pfeffer aus der Mühle**

**So geht's:** Dill abbrausen und trocken schütteln. Die feinen Spitzen von den groben Stielen abzupfen und fein schneiden. Dill mit Crème fraîche verrühren. Forellenfilet klein zerpflücken und unter die Creme mischen. Mit Zitronensaft, Salz und Pfeffer abschmecken.

## SCHARFES BLUTWURSTHACK

**200 g grobe Blutwurst, 1 Frühlingszwiebel, 4 EL stückiges Apfelmus, 3–4 EL Obstessig, 4 EL frisch geriebenen Meerrettich, Salz, Pfeffer aus der Mühle**

**So geht's:** Die Wurst pellen und grob kleiner schneiden. Die Frühlingszwiebel waschen, putzen und in Ringe schneiden, dunkelgrüne Teile beiseite legen. Wurst und Zwiebeln mit Apfelmus, Essig und Meerrettich in einem Blitzhacker zu einem geschmeidigen Hack zerkleinern. Mit Salz und Pfeffer würzen. Hack auf dem Brot mit restlichen Frühlingszwiebeln besteuen und nach Belieben noch mit etwas Kürbiskernöl beträufeln.

## SALAMI-PAPRIKA-TOPPING

**100 g feste, hauchdünne Scheiben (Fenchel-)Salami, 100 g eingelegte, geröstete Paprikaschoten (Glas), 3 große Frühlingszwiebeln, 2 EL Balsamico bianco, 1 ½ EL Honigsenf, 2 EL Olivenöl**

**So geht's:** Salamischeiben übereinanderlegen und in dünne Streifen schneiden. Paprika klein würfeln. Frühlingszwiebeln waschen und putzen, die weißen und hellgrünen Teile der Zwiebeln in dünne Ringe schneiden. Essig mit Honigsenf und Öl verrühren. Vorbereitete Zutaten untermischen und mit Salz und Pfeffer würzen.

# EDEL

## *Zum Löffeln & Gabeln*

KLEIN, ABER FEIN – DIESE HÄPPCHEN SIND GENAU DAS RICHTIGE FÜR BESONDERE ANLÄSSE. DANN NIMMT MAN AUCH MAL EIN BISSCHEN MEHR AUFWAND IN KAUF UND GIBT DEN GÄSTEN LÖFFEL UND GABEL IN DIE HAND.

# MELONEN-FETA-SALAT
## *mit Minzedressing*

SERVIEREN SIE DIESEN RAFFINIERTEN UND HERRLICH ERFRISCHENDEN SALAT MIT EINEM FRUCHTIGEN ROSÉ ODER EINEM LEICHTEN PROSECCO.

**Zutaten für 6 Gläschen**

- 1,2 kg Wassermelone
- 200 g Feta (Schafskäse)
- 4 Stängel Minze
- 5 EL Weißweinessig
- 8 EL Olivenöl
- 2 EL Agavendicksaft (ersatzweise Honig)
- Salz, Pfeffer aus der Mühle
- einige Minzeblättchen zum Garnieren

**besonderes Werkzeug**

- 6 Gläschen (à ca. 200 ml)
- Pürierstab

**Zeitbedarf**

- ca.15 Minuten

**So geht's**

1. Die Melone mit einem großen Messer halbieren, dann die Hälften in 5–6 cm dicke Spalten schneiden. Zum Schälen die Spalten mit der Schale auf die Arbeitsfläche stellen, das Messer an einem Ende ansetzen und das rote Fruchtfleisch ca. 1 cm oberhalb der grünen Schale abschneiden. Zum Schluss die dunklen Kerne mit der Messerspitze aus dem Fruchtfleisch herauslösen. Melonenfleisch in ca. 2 cm große Würfel schneiden. Den Schafskäse in nicht zu feine Stücke brechen.
2. Melone und Schafskäse abwechselnd in die Gläschen schichten, gut abdecken und bis zum Servieren in den Kühlschrank stellen (geht auch über Nacht).
3. Für das Dressing die Minze abbrausen und trocken schütteln. Die Blättchen abzupfen und zusammen mit Essig, Öl und Agavendicksaft in einen schmalen, hohen Rührbecher geben und mit dem Pürierstab möglichst fein zerkleinern. Das Dressing mit Salz und Pfeffer abschmecken. Abdecken und ebenfalls kalt stellen. Kurz vor dem Servieren das Minzedressing über den Melonen-Feta-Salat träufeln und mit den Minzeblättchen garnieren.

**DIE VARIANTE |** MELONEN-ZIEGENKÄSE-SALAT MIT RUCOLA UND OLIVEN

**1 kg Wassermelone, 200 g fester Ziegenfrischkäse, 1 großes Bund Rucola (ca. 50 g), 3 EL schwarzen Oliven (mit Stein)** Die Melone wie beschrieben vorbereiten. Den Käse zerbröckeln und den Rucola abbrausen und trocken schütteln, dicke Stängel entfernen und die Blätter grob kleiner schneiden. Das Olivenfruchtfleisch von den Steinen schneiden, grob hacken. Alles abwechselnd in kleine Tassen, Gläser oder Schälchen (à ca. 350 ml) schichten. Gut abdecken und kühl stellen (aber nicht länger als ca. 5 Stunden). Das Minzedressing wie beschrieben zubereiten und ebenfalls kalt stellen. Melonensalat wie oben anrichten.

# FENCHELSALAT *aus dem Glas*

BEI DIESEM SALAT SCHÜTTELT JEDER GAST SELBST UND VERMISCHT DEN SALAT SO MIT DEM DRESSING KURZ VOR DEM ESSEN DIREKT IM GLAS.

**Zutaten für 6 Gläschen**

- 2 Knollen Fenchel (à ca. 350 g)
- Salz, Pfeffer aus der Mühle
- 6 EL Balsamico bianco
- 2 TL Honigsenf
- 2 TL Honig
- 8 EL Olivenöl
- 150 g Rucola
- 2 kleine, feste gelbe Pfirsiche

**besonderes Werkzeug**

- 6 Schraub- oder Bügelgläser mit weiter Öffnung (à ca. 400 ml)

**Zeitbedarf**

- ca. 20 Minuten

**So geht's**

1. Den Fenchel waschen und putzen. Eventuell vorhandenes zartes Fenchelgrün fein hacken und beiseitestellen. Die Knollen längs vierteln, den Strunk nicht herausschneiden, damit die einzelnen Blattschichten gut zusammenhalten. Dann die Viertel quer in möglichst dünne Scheiben schneiden oder hobeln, so kommt das feine Fenchelaroma besonders gut zur Geltung. Fenchelscheiben in einer Schüssel mit wenig Salz und Pfeffer würzen und mit den Händen kurz durchkneten, damit der Fenchel etwas weicher wird.
2. Aus Essig, Senf, Honig, eventuell Fenchelgrün, Salz und Pfeffer und Öl eine Vinaigrette herstellen **[→a]**. Die Vinaigrette auf die Gläser verteilen.
3. Rucola abbrausen und trocken schütteln, dicke Stiele entfernen und die Blätter grob kleiner schneiden. Pfirsiche waschen, vierteln und entsteinen. Die Viertel quer in dünne Scheiben schneiden.
4. Fenchel, Rucola und Pfirsiche nacheinander in die Gläser schichten, dabei mit dem Fenchel beginnen. Die Gläser verschließen und bis zum Servieren in den Kühlschrank stellen (aber nicht länger als 4–5 Stunden).
5. Vor dem Essen den Fenchelsalat im verschlossenen Glas schütteln und direkt aus dem Glas essen.

**DEKORIEREN |** JEDER GAST **bekommt seinen ganz eigenen Salat im Glas. Dafür z. B. Etiketten (Vorlagen gibt es z. B. im Internet) ausschneiden, mit den Namen der Gäste beschriften und mithilfe einer Schnur und Klebeband am Glas befestigen.**

[a]

## DAS IST *wirklich* WICHTIG

**[a] VINAIGRETTE SCHLAGEN** Dafür zuerst immer Essig mit Senf, Honig oder Zucker, Salz und Pfeffer verrühren, bis sich die festen Zutaten aufgelöst haben. Dann das Öl langsam zur Essigmischung gießen und dabei mit einer Gabel so lange kräftig schlagen, bis die Sauce cremig und dickflüssig wird. So haftet sie besonders gut am Salat.

# SPARGELTERRINE
## *mit krossem Parmaschinken*

EINE GUTE IDEE: STATT IN EINER GROSSEN SCHÜSSEL WIRD DIE TERRINE IN PRAKTISCHEN PORTIONSGLÄSCHEN ZUBEREITET UND SERVIERT.

### Zutaten für 8 Gläschen

- 400 g weißer Spargel
- 400 g Crème fraîche
- 400 g Sahne
- 4 Blatt weiße Gelatine
- 200 g grüner Spargel
- Salz, Pfeffer aus der Mühle
- ½ TL Zucker
- 3 EL frisch gepresster Limettensaft
- 2 EL Nuss- oder mildes Olivenöl
- 4 Scheiben Parmaschinken
- 30 g Parmesan (am Stück)

### besonderes Werkzeug

- Pürierstab
- 8 tulpenförmige Weckgläser mit Deckel (à ca. 220 ml)

### Zeitbedarf

- ca. 35 Minuten
- mind. 6 Stunden marinieren und kühlen

### So geht's

1. Weißen Spargel schälen, die unteren holzigen Enden großzügig abschneiden. Die Stangen in feine Scheiben schneiden und mit Crème fraîche und Sahne in einem Topf vermischen. Alles zum Kochen bringen und bei schwacher Hitze 10–15 Minuten köcheln lassen, bis der Spargel ganz weich ist, dabei ab und zu umrühren.
2. Inzwischen Gelatine in kaltem Wasser einweichen. Grünen Spargel waschen. Bei frischen Stangen reicht es, die holzigen Enden 2–3 cm lang abzuschneiden. Bei älteren Stangen zusätzlich das untere Drittel schälen. Den Spargel schräg in hauchdünne Scheiben schneiden. Mit Salz, Pfeffer, ¼ TL Zucker, Limettensaft und Öl vermischen, gut abdecken und mindestens 6 Stunden im Kühlschrank marinieren lassen.
3. Parmaschinken in einer großen Pfanne ohne Fett bei mittlerer Hitze unter Wenden knusprig auslassen, herausnehmen und auf Küchenpapier entfetten. Ausgekühlt in grobe Stücke brechen. Parmesan mit einem Sparschäler, Gemüse- oder Käsehobel in feine Späne hobeln. Beides abdecken und kühl stellen.
4. Spargel-Sahne-Mischung mit dem Pürierstab sehr fein zerkleinern, mit Salz, Pfeffer und übrigem Zucker abschmecken. Gelatine in der warmen Spargelcreme unter Rühren auflösen. Spargelcreme in den Gläschen verteilen und abdecken. Dabei zwischen Gläschen und Deckel jeweils ein Stück Küchenpapier legen. Im Kühlschrank in mindestens 6 Stunden fest werden lassen.

**DEKORIEREN |** ESSBARE DEKO **Marinierten grünen Spargel auf den Spargelterrinen verteilen, anschließend mit Stücken von Parmaschinken und Parmesanspänen bestreuen. Diese Deko sieht nicht nur toll aus, sondern macht die Terrinen durch die verschiedenen Konsistenzen zu einem besonderen kulinarischen Erlebnis.**

# GEFÜLLTE AVOCADO
## *mit Koriander-Minze-Rahm*

REIFES AVOCADOFRUCHTFLEISCH IST SO ZART, DASS ES ZUSAMMEN MIT DER FÜLLUNG DIREKT AUS DER SCHALE GELÖFFELT WERDEN KANN.

**Zutaten für 8 Stück**

- 1 Bund Koriandergrün
- ½ Bund Minze
- 1 große Bio-Limette
- 250 g saure Sahne oder Schmant
- Salz, Pfeffer aus der Mühle
- 1 kleine rote Paprikaschote
- 1 EL Olivenöl
- 4 kleine vollreife Avocados (à ca. 180 g; z. B. die Sorte Hass)
- 1 kleine Handvoll Alfalfasprossen

**Zeitbedarf**

- ca. 25 Minuten

**So geht's**

1. Koriander und Minze abbrausen und trocken schütteln, die Blättchen abzupfen und fein hacken. Die Limette heiß waschen und trocken reiben, die Schale fein abreiben und den Saft auspressen.
2. Sahne oder Schmant mit den Kräutern, Limettenschale und 1 EL Limettensaft verrühren. Mit Salz und Pfeffer würzen. Koriander-Minze-Rahm abgedeckt bis zum Servieren in den Kühlschrank stellen (aber nicht länger als 1 – 2 Stunden).
3. Die Paprikaschote längs halbieren, den Stiel herausbrechen und die Trennwände samt den Kernen herausschneiden. Erst dann die Schotenhälften waschen, damit die übrig gebliebenen Kernchen entfernt werden. Die Schote sehr klein würfeln, mit 1 EL Limettensaft und Öl vermischen, mit Salz und Pfeffer würzen. Abdecken, ebenfalls kalt stellen.
4. Kurz vor dem Servieren Avocados rundherum längs bis zum Kern einschneiden, dann die Hälften gegeneinanderdrehen und auseinanderlösen. Die Kerne mit einem kleinen, spitzen Messer anpieksen und aus der Avocadohälfte heben. Die so entstandenen Mulden für die Füllung bei Bedarf noch etwas vergrößern – dafür einfach mit einem Teelöffel ein wenig Fleisch abschaben. Dann die Schnittflächen sofort mit dem übrigen Limettensaft einpinseln, damit sich das Fruchtfleisch nicht verfärbt.
5. Je 1 EL Koriander-Minze-Rahm in jede Avocadohälfte füllen. Die Paprikawürfelchen darüber verteilen. Gefüllte Avocados mit Pfeffer übermahlen und mit den Alfalfasprossen garnieren.

**ANRICHTEN |** PALMBLATTGESCHIRR **sieht schön aus und kann sogar kompostiert werden. Je eine Avocadohälfte in ein Palmblattschälchen setzen und kleine Löffel dazu reichen.**

# OFEN-RISOTTO

## *mit Flusskrebsen*

DIESES RISOTTO LÄSST GASTGEBERN VIEL ZEIT FÜR IHRE GÄSTE: GANZ OHNE RÜHREN GART ES IM OFEN UND WIRD DABEI WUNDERBAR CREMIG.

**Zutaten für 8 Gläschen**

- 320 g Risotto-Reis mit mittlerer Korngröße (z. B. Vialone nano)
- 800 ml Fischfond (Glas)
- 120 ml Weißwein
- Salz, weißer Pfeffer aus der Mühle
- 8 kleine Zweige Rosmarin
- 8 TL Butter
- 2 Knoblauchzehen
- 200 g geschälte, gegarte Flusskrebsschwänze
- 4 EL frisch gepresster Limettensaft
- 5 EL Olivenöl

**besonderes Werkzeug**

- 8 Weck-Sturzgläser mit Deckel (à ca. 300 ml)

**Zeitbedarf**

- ca. 25 Minuten
- 40 Minuten garen

**So geht's**

1. Den Reis auf die Gläschen verteilen. Fond und Wein mischen, leicht salzen und pfeffern und über den Reis gießen. Rosmarin abbrausen, trocken tupfen und in jedes Glas senkrecht 1 Zweig stellen, bei Bedarf Zweige auf Gläschenhöhe kürzen. 1 TL Butter in jedes Gläschen geben. Die Deckel aufsetzen und die Gläschen beiseitestellen (aber nicht länger als 3–4 Stunden).
2. Den Knoblauch schälen und durch die Presse drücken. Mit Flusskrebsen, Limettensaft und Olivenöl mischen, salzen und pfeffern. Flusskrebse abgedeckt im Kühlschrank marinieren lassen (aber nicht länger als 3–4 Stunden).
3. Vor dem Servieren die gefüllten Gläschen mit dem Deckel in den kalten Backofen (Mitte) stellen. Die Temperatur auf 180 °C (Umluft; Ober- und Unterhitze nicht empfehlenswert) stellen und den Risotto ca. 35 Minuten garen.
4. Nach Ende der Garzeit den Ofen ausschalten. Die marinierten Flusskrebse auf dem Risotto verteilen, Deckel noch mal aufsetzen und den Risotto 5 Minuten im warmen Ofen nachziehen lassen.

**DEKORIEREN** | STOFFSTREIFEN **aus z. B. Stoffresten um die Gläschen wickeln und mit einem Band oder einer Schnur festbinden oder mit einer Heftklammer zusammenhalten. So können die Gäste die heißen Gläschen anfassen, ohne sich zu verbrennen.**

# GRAVED-LACHS-MOUSSE

## *mit Forellenkaviar*

FEINES MUSS NICHT IMMER AUFWENDIG SEIN. DIESES HÄPPCHEN IST SCHNELL GEMACHT UND SIEHT MIT DEM ORANGE LEUCHTENDEN KAVIAR BESONDERS EDEL AUS.

**Zutaten für 8 Gläschen**

- 1 Blatt weiße Gelatine
- 250 g Graved Lachs (ersatzweise Räucherlachs)
- 300 g Crème légère
- Saft von 1 Limette
- 200 g Sahne
- weißer Pfeffer aus der Mühle
- 100 g Forellenkaviar
- einige Dillspitzen für die Garnitur

**besonderes Werkzeug**

- Mixer
- 8 Gläschen (à 200 – 250 ml)

**Zeitbedarf**

- ca. 30 Minuten
- mind. 5 Stunden kühlen

**So geht's**

1. Die Gelatine in einer Schüssel mit kaltem Wasser bedecken und ca. 5 Minuten darin einweichen. Inzwischen den Lachs in Würfel schneiden und mit 100 g Crème légère und dem Limettensaft im Mixer zerkleinern, bis eine feine Creme entstanden ist. In eine Schüssel geben.
2. Gelatine tropfnass in einen kleinen Topf geben und mit 2 – 3 EL Sahne unter Rühren erhitzen, bis die Gelatine geschmolzen ist, dann mit der Lachscreme verrühren. Dafür zuerst ein paar Esslöffel der Lachscreme mit der geschmolzene Gelatine im Topf glatt rühren. Diese Gelatinemasse dann mit einem Schneebesen unter die restliche Lachscreme in der Schüssel heben. So bildet die Gelatine keine Klümpchen.
3. Die übrige Sahne steif schlagen und mit dem Schneebesen locker unter die Lachscreme heben. Mit Pfeffer würzen.
4. Lachscreme, übrige Crème légère und den Kaviar abwechselnd in die Gläschen schichten. Dafür zuerst die Hälfte der Creme in die Gläser füllen. Darauf die Hälfte Crème légère und Kaviar verteilen, dann mit der restlichen Lachscreme bedecken. Für die Garnitur den Rest Crème légère dauflöffeln und mit dem übrigen Kaviar garnieren. Gläschen gut abdecken und im Kühlschrank in mindestens 5 Stunden fest werden lassen.

**DEKORIEREN** | FRISCHE KRÄUTERSPITZEN **Die fest gewordene Mousse mit einigen Dillspitzen garnieren. Diese Kombination gibt dem Häppchen den letzten Schliff und lässt es noch appetitlicher aussehen.**

DAS IST *wirklich* WICHTIG

**[a] FISCH WÜRZEN** Dill-Pfeffer-Mischung schön dick, gleichmäßig und bis zum Rand auf der Fleischseite der Saiblingfilets verteilen, dabei leicht einreiben. Die restlichen Filethälften mit der Hautseite nach oben auf die Kräuter legen und andrücken.

**[b] FISCHFILET AUFSCHNEIDEN** Um große, dünne Scheiben von dem ganzen Filet abzuschneiden, mit einem sehr scharfen Messer mit langer, dünner Klinge (Filiermesser) möglichst schräg am Fischfleisch ansetzen und das Fleisch Scheibe für Scheibe von der Fischhaut schneiden.

# GEBEIZTER SAIBLING

## *mit Honig-Senf-Sauce*

DIESES REZEPT IST EINE ETWAS GÜNSTIGERE, DAFÜR ABER GENAUSO SCHMACKHAFTE ALTERNATIVE ZU GRAVED LACHS. PROBIEREN SIE ES AUS!

### Zutaten für 10–12 Häppchen

- 2 Bio-Zitronen
- 1 Bund Dill
- 2 leicht gehäufte EL rosa Pfefferkörner
- Fleur de Sel
- 4 TL (Roh-)Rohrzucker
- 4 dicke Saiblingfilets mit Haut (à ca. 150 g)
- 4 EL Gemüsebrühe
- 2 EL mittelscharfer Senf
- 1 EL Balsamico bianco
- 2 EL Honig
- 1 EL frisch geriebener Meerrettich (ersatzweise aus dem Glas)
- 6 EL neutrales Öl

### besonderes Werkzeug

- Mörser
- Pürierstab

### Zeitbedarf

- ca. 25 Minuten
- mind. 24 Stunden beizen

### So geht's

1. Die Zitronen heiß waschen, trocken reiben und die Schale fein abreiben. Den Dill abbrausen und trocken schütteln, die Spitzen abzupfen und grob hacken. Die Pfefferkörner in einem Mörser nicht zu fein zerstoßen. Alles mit 4 EL Fleur de Sel und dem Zucker vermischen.
2. Die Saiblingfilets waschen, trocken tupfen, und falls nötig, übrige Gräten mit einer Pinzette entfernen. 2 Filets mit der Haut nach unten auf je ein großes Stück Klarsichtfolie legen, darauf die Dill-Pfeffer-Mischung verteilen und mit den beiden restlichen Filethälften bedecken **[→a]**.
3. Die zusammengesetzten Filets jeweils straff in die Folie einwickeln. Beide Fischpäckchen nebeneinander in einen großen Gefrierbeutel legen, fest darin einschlagen und in den Kühlschrank legen. Päckchen mit einem entsprechend großen Holzbrett beschweren, darauf zusätzlich Konserven oder Flaschen legen. Den Saibling mindestens 24 Stunden beizen.
4. Für die Sauce Brühe, Senf, Essig, Honig, Meerrettich und Öl in einem hohen Rührbecher mit dem Pürierstab gründlich durchmixen. Mit Fleur de Sel abschmecken. Abdecken und ebenfalls in den Kühlschrank stellen.
5. Kurz vor dem Servieren den gebeizten Saibling aus der Folie wickeln, mit der Haut nach unten nebeneinander auf die Arbeitsfläche legen und dünne Scheiben vom Fischfleisch abschneiden **[→b]**.

**ANRICHTEN |** FERTIG PORTIONIERT, **z. B. auf kleinen Tellerchen und bereits mit Sauce beträufelt, lädt dieses Häppchen direkt zum Zugreifen ein. Außerdem wird so garantiert, dass jeder Ihrer Gäste etwas davon bekommt und es kein Gedränge am Buffet gibt.**

# GRÜNE GAZPACHO

## *mit Minze und Croûtons*

EISGEKÜHLT UND GANZ OHNE KOCHEN KOMMT DIESE SUPPE AUF DEN TISCH. EINE WILLKOMMENE ERFRISCHUNG AN HEISSEN TAGEN!

**Zutaten für 8 Gläschen**

- 1 Scheibe Toastbrot
- 4 EL Balsamico bianco
- 150 ml Gemüsebrühe
- 1 große Salatgurke (ca. 600 g)
- 1 Knoblauchzehe, ½ Zucchino
- ½ grüne Paprikaschote
- 3 große Frühlingszwiebeln
- ½ grüne Papaya (ca. 200 g; Asia-Laden)
- 2 EL Olivenöl
- Salz, Pfeffer aus der Mühle
- 3–4 Scheiben Toastbrot
- 1 EL Butter
- 1 Stängel Minze
- grünes Tabasco (nach Belieben)

**besonderes Werkzeug**
- Mixer
- 8 Gläschen (à 300 ml)

**Zeitbedarf**
- ca. 30 Minuten
- 2–3 Stunden kühlen

**So geht's**

1. Die Toastbrotscheibe mit Essig und der Brühe beträufeln und einweichen lassen.
2. Inzwischen die Salatgurke und den Knoblauch schälen. Zucchino, Paprikaschote und Frühlingszwiebel waschen und putzen. Die Papaya halbieren, die Kerne mit einem Esslöffel herausschaben, dann das Fruchtfleisch schälen. Alles in grobe Stücke schneiden.
3. Eingeweichten Toast, vorbereitetes Gemüse und Papaya mit dem Olivenöl in den Mixer geben und möglichst fein zerkleinern. Mit Salz und Pfeffer würzen. Gut abgedeckt mindestens 2–3 Stunden im Kühlschrank durchziehen lassen.
4. Kurz vor dem Servieren Weißbrotscheiben in Würfel schneiden. Butter in einer großen beschichteten Pfanne schmelzen lassen. Brotwürfel in der Butter bei mittlerer Hitze unter Wenden goldbraun rösten. Vom Herd nehmen.
5. Minze abbrausen und trocken schütteln, die Blättchen abzupfen und in sehr feine Streifen schneiden oder ganz fein hacken. Die Minze unter die Gazpacho rühren. Kalte Suppe mit Salz, Pfeffer und nach Belieben mit einigen Spritzern Tabasco abschmecken. Suppe auf Gläschen verteilen und mit Croûtons bestreuen.

**DEKORIEREN |** ESSSBARE DEKO **ist nicht nur praktisch, sondern sieht auch noch schön aus. Dafür zusätzlich gleichmäßig geschnittene Gurken-, Paprika- und Papayawürfel auf 8 lange Spieße stecken und über die Gläschen legen. Sollten Sie keine speziellen Häppchengläser besitzen, die Suppe einfach in Cocktailgläsern oder Whiskybechern servieren.**

# ASIA-KOKOSSUPPE
## *mit Koriander*

DIE SÜSSSAURE UND FEIN SCHARFE SUPPE LÄSST DURCH IHRE LEICHTIGKEIT NOCH VIEL PLATZ FÜR MEHR FEINE HÄPPCHEN.

**Zutaten für 8 Häppchen**

4 Stangen Zitronengras

1 Stück Ingwer (ca. 4 cm)

1–2 rote Chilischoten

400 ml Kokosmilch

400 ml Hühnerbrühe

120 g Shiitake-Pilze

80 g frische Baby-Maiskolben (Asia-Laden)

3 EL Fischsauce, Salz

1 EL (Roh-)Rohrzucker

250 g Hähnchenbrustfilet

100 g frische Mungobohnen-sprossen

Saft von 1–2 Limetten

1 Handvoll Korianderblättchen zum Garnieren

**besonderes Werkzeug**
- 2 Teefilter
- 8 Tassen oder Schalen (à ca. 300 ml)

**Zeitbedarf**
- ca. 30 Minuten

**So geht's**

1. Zitronengras waschen, Stielansatz abschneiden und die äußere Blattschicht ablösen. Den dicken, hellen Teil der Stangen mit der flachen Seite eines großen Messers anquetschen und in grobe Stücke schneiden. Ingwer schälen und in dünne Scheiben schneiden. Chilischoten waschen, ebenfalls leicht anquetschen. Alles in die Teefilter verteilen und diese mit Küchengarn verschließen.
2. Kokosmilch und Hühnerbrühe in einen Topf geben, die Teebeutel hineinlegen. Alles aufkochen und bei schwacher Hitze ca. 5 Minuten köcheln lassen.
3. Inzwischen Shiitake mit einem feuchten Küchentuch oder einer Pilzbürste säubern, die Stiele entfernen, Pilzköpfe vierteln. Maiskölbchen waschen und in ½ cm breite Scheiben schneiden. Beides in den Topf geben. Die Suppe mit Fischsauce, Salz und Zucker würzen und abgedeckt bis zum Servieren beiseitestellen (geht auch über Nacht im Kühlschrank).
4. Kurz vor dem Servieren die Suppe zum Kochen bringen und 5 Minuten bei schwacher Hitze köcheln lassen, dann die Herdplatte ausschalten, Teebeutel entfernen. Das Hähnchenfleisch waschen, trocken tupfen und ca. 2 cm groß würfeln. Fleisch und Sprossen unter die Suppe rühren und noch ca. 5 Minuten ziehen lassen. Die Suppe mit Limettensaft süßsauer abschmecken. Suppe auf Schälchen verteilen und mit Korianderblättchen betreuen.

**ANRICHTEN |** LANDESTYPISCHES GESCHIRR **unterstreicht den Ursprung eines Gerichts oder Häppchens zusätzlich. Asia-Suppe dafür z. B. in asiatischen Schalen oder Tassen servieren.**

# ENTENBRUSTSÜLZE

## *mit Kerbel-Orangen-Dressing*

TELLERSÜLZE AUF DIE KLEINE, FEINE ART – EINFACH IM GROSSEN ZUBEREITEN UND ANSCHLIESSEND NUR NOCH RASCH AUF HÄPPCHEN-FORMAT BRINGEN.

**Zutaten für 10 Häppchen**

- 6 Blatt weiße Gelatine
- 1 Möhre
- 50 g Zuckerschoten
- ½ gelbe Paprikaschote
- 150 g heiß geräucherte Entenbrust (in feinen Scheiben)
- 6 EL Olivenöl
- Salz, Pfeffer aus der Mühle
- 80 ml Weißweinessig
- 50 ml Martini bianco
- 400 ml Entenfond (Glas)
- 50 ml frisch gepresster Orangensaft
- 1 TL Honig, 1 EL süßer Senf
- 1 Handvoll Kerbelblättchen

**besonderes Werkzeug**

- Kastenform (ca. 14 x 24 cm)

**Zeitbedarf**

- ca. 35 Minuten
- mind. 5 Stunden kühlen

**So geht's**

1. Gelatine in kaltem Wasser einweichen. Möhre schälen und in sehr feine Scheiben schneiden oder hobeln. Zuckerschoten waschen und schräg in feine Rauten schneiden. Paprikaschote putzen, waschen und klein würfeln. Entenbrust vom Fett befreien und quer in Streifen schneiden.
2. Die Kastenform mit einem nassen Tuch anfeuchten. Ein großes Stück Klarsichtfolie so einlegen, dass die Folienränder rundherum über die Form lappen.
3. In einem Topf 1 EL Öl erhitzen und das Gemüse darin bei mittlerer Hitze 2 Minuten andünsten, salzen und pfeffern. Mit 50 ml Essig und Martini ablöschen, Fond dazugießen und erhitzen. Kräftig abschmecken. Eingeweichte Gelatine ausdrücken, in den Topf geben und rühren, bis sie sich aufgelöst hat.
4. Topfinhalt vorsichtig in die Form füllen, sodass die Folie nicht verrutscht. Entenbrust gleichmäßig in der Form verteilen, dabei mit dem Fond und dem Gewürz vermischen. Sülze im Kühlschrank mindestens 5 Stunden fest werden lassen.
5. Für das Dressing übrigen Essig mit Orangensaft, Honig und Senf verrühren. Mit Salz und Pfeffer abschmecken, das restliche Öl unterschlagen. Kerbelblättchen abbrausen und trocken tupfen, fein hacken und unter das Dressing mischen. Abgedeckt kalt stellen.
6. Die fest gewordenen Sülze mithilfe der Folie aus der Form heben. Sülze in 10 gleich große Scheiben schneiden.

**ANRICHTEN |** KAFFEEUNTERTASSEN **sind, seit es Kaffeebecher gibt, etwas in Vergessenheit geraten. Jetzt ist Zeit, sie wieder aus dem Schrank zu holen, denn sie haben die perfekte Größe, um die Sülzenscheiben samt Dressing darauf zu servieren.**

DAS IST *wirklich* WICHTIG

**[a] RHABARBER** Ganz junger Rhabarber hat eine zarte Schale, die nicht entfernt werden muss. Die Stangen nur waschen und die beiden Enden abschneiden. Fäden, die sich dabei lösen, einfach mit abziehen. Ist die Haut dicker, mit einem kleinen Messer die gesamte Schale, an einem Stangenende beginnend, nach und nach abziehen.

[a]

# MINI-SCHNITZEL

## *mit Rhabarbergemüse*

DIESE PÄCKCHEN ÜBERRASCHEN GLEICH ZWEIMAL: ZUERST MIT EINEM VERFÜHRERISCHEN DUFT BEIM AUSPACKEN, DANN BEIM ESSEN MIT DEFTIG ZUBEREITETEM RHABARBER.

**Zutaten für 8 Stück**

- 4 rote Stangen junger Rhabarber
- 50 g Lardo (am Stück; ital. fetter Speck)
- 1 kleine rote Zwiebel
- 2 Knoblauchzehen
- 1 Stück Ingwer (1 – 2 cm)
- 1 sehr kleiner Apfel
- Salz, Pfeffer aus der Mühle
- 16 große Salbeiblätter
- 8 EL Olivenöl
- 2 dünne Schnitzel (von Kalb, Schwein oder Pute; à ca. 160 g)

**besonderes Werkzeug**

- Mörser
- Küchengarn

**Zeitbedarf**

- ca. 45 Minuten
- 2 – 3 Stunden marinieren

**So geht's**

1. Den Rhabarber waschen und putzen, falls nötig, schälen [→a] und in ca. ½ cm dicke Stücke schneiden. Lardo klein würfeln. Die Zwiebel schälen, halbieren und längs in feine Spalten schneiden. Knoblauch und Ingwer schälen, beides sehr fein hacken. Den Apfel schälen, vierteln, entkernen und sehr klein würfeln.
2. Rhabarber, Zwiebel, Ingwer, Apfel und die Hälfte des Knoblauchs mischen. Mit Salz und Pfeffer würzen. Aus Pergamentpapier (ersatzweise weißes Backpapier) 8 ca. 25 x 25 cm große Stücke schneiden. Rhabarber-Mix in der Mitte der Stücke verteilen.
3. Salbeiblätter abbrausen und trocken tupfen, in grobe Stücke schneiden und mit übrigem Knoblauch im Mörser zerstoßen, dabei nach und nach das Öl zugießen, bis eine cremige Würzpaste entsteht. Mit Salz und Pfeffer würzen.
4. Die Schnitzel kalt abbrausen und trocken tupfen, mit dem Handballen noch etwas flacher klopfen und jeweils quer in 4 möglichst gleich große Stücke schneiden. Die Mini-Schnitzel auf beiden Seiten mit der Salbeipaste bestreichen und auf das Rhabarbergemüse legen, Lardowürfelchen darüberstreuen.
5. Die Päckchen gut verschließen. Dafür zwei Seiten über der Füllung zusammenschlagen. Die beiden Ecken jeder offenen Seite zur Mitte hin falten und die Spitzen nach oben schlagen. Ein Stück Küchengarn um jedes Päckchen binden, damit es verschlossen bleibt. Das Fleisch für 2 – 3 Stunden im Kühlschrank marinieren.
6. Vor dem Servieren den Backofen auf 220 °C (Ober- und Unterhitze; Umluft 200 °C) vorheizen. Die Päckchen auf einem Backblech im Ofen (Mitte) ca. 10 Minuten garen. Warm servieren.

# RUMPSTEAK-TAGLIATA

## *mit Kapernäpfeln und Pecorino*

BEI DIESEM ITALIENISCHEN KLASSIKER WERDEN DIE STEAKS NICHT IM GANZEN, SONDERN IN DÜNNE SCHEIBEN GESCHNITTEN UND ALS EINE ART SALAT SERVIERT.

**Zutaten für 8 Häppchen**

- 2 Rumpsteaks (à ca. 200 g; ca. 2 cm dick)
- 6 EL Olivenöl
- Fleur de Sel
- Pfeffer aus der Mühle
- 6 EL Aceto balsamico
- 2 TL Honigsenf
- 2 TL Zucker
- 150 g Blattsalat-Mischung mit Rucola
- 150 g Kirschtomaten
- 80 g Kapernäpfel (Glas)
- 60 g Pecorino (am Stück)

**besonderes Werkzeug**

- 8 Gläschen (oder andere Gefäße; à ca. 200 ml)

**Zeitbedarf**

- ca. 25 Minuten

**So geht's**

1. Den Backofen auf 140 °C (Ober- und Unterhitze; Umluft 120 °C) vorheizen. Die Fettschicht der Steaks einschneiden **[→a]**. Die Steaks mit je 1 EL Öl einreiben und mit Fleur de Sel würzen.
2. Eine (Grill-)Pfanne sehr heiß werden lassen. Die Rumsteaks hineinlegen und bei starker Hitze auf jeder Seite 1 Minute scharf anbraten, pfeffern. Die Steaks auf eine hitzebeständige Platte legen und im Ofen (Mitte) in ca. 10 Minuten medium garen.
3. Die Steaks aus dem Ofen nehmen, in Alufolie einwickeln und bei Raumtemperatur bis kurz vor dem Servieren ruhen lassen (aber nicht länger als 3–4 Stunden).
4. Für eine Vinaigrette Essig mit Senf und Zucker verrühren, mit Fleur de Sel und Pfeffer würzen, übriges Öl unterschlagen. Blattsalat-Mischung waschen und gut abtropfen lassen, große Blätter bei Bedarf kleiner zupfen. Tomaten waschen und vierteln. Kapernäpfel abtropfen lassen. Pecorino mit einem Sparschäler, Gemüse- oder Käsehobel in feine Späne hobeln. Alles abdecken und bis kurz vor dem Servieren in den Kühlschrank stellen.
5. Kurz vor dem Servieren die Steaks quer in feine Scheiben schneiden. Salat, Tomaten und Kapern in den Gläschen verteilen und die Steakscheiben darauflegen. Tagliata mit der Vinaigrette beträufeln und mit Pecorino bestreuen.

**ANRICHTEN |** UNTERSETZER FÜR GLÄSER **schützen nicht nur Ihren Tisch vor Flüssigkeit. Sie sehen auch als Unterlage für kleine Gläschen oder Schüsselchen hübsch aus. Oder stapeln Sie damit Ihre Häppchen wie im Bild in die Höhe.**

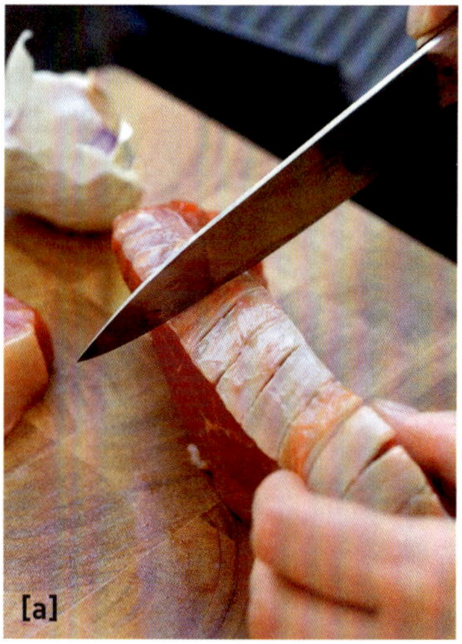

[a]

DAS IST *wirklich* WICHTIG

**[a] FETTSCHICHT EINSCHNEIDEN**
Die Fettschicht bei Steaks nicht abschneiden, sondern mitbraten. Das Fett gibt dem Fleisch beim Braten viel Geschmack. Damit sich die Steaks beim Braten aber nicht wölben – das Fett zieht sich stärker zusammen als das Fleisch –, das Fett mit einem scharfen Messer mehrmals einschneiden, aber nicht bis ins Fleisch.

# LUST AUF ERFRISCHUNG
## *mit und ohne Alkohol*

WAS WÄREN FEINE HÄPPCHEN OHNE DIE PASSENDEN GETRÄNKE. MIT WEIN, BIER, WASSER, SAFT UND EINEM APERITIF ZUR BEGRÜSSUNG LIEGEN SIE NIE VERKEHRT. FÜR MEHR ABWECHSLUNG SORGEN FOLGENDE DRINK-IDEEN.

### LIMETTEN-INGWER-LIMO

**Für 2 Flaschen mit Bügel- oder Schraubverschluss (à 1 l): 1 Stück Ingwer (5–6 cm), Saft von 6–7 Limetten (ca. 200 ml), 200 g Zucker, 1,8 l Mineralwasser**

**So geht's:** Den Ingwer schälen und in dünne Scheiben schneiden. Mit Limettensaft und Zucker in einen Topf geben und verrühren. Langsam zum Kochen bringen und bei geringer bis mittlerer Hitze 10–15 Minuten einkochen lassen. Vom Herd nehmen und auskühlen lassen. Ingwerscheiben herausnehmen. Den Sirup mit Hilfe eines Trichters in die Flaschen verteilen und mit Mineralwasser auffüllen, verschließen und die Flaschen langsam hin und her bewegen, damit sich Sirup und Wasser gleichmäßig verteilen. Limo bis zum Servieren kalt stellen.

### EISTEE MIT MELISSE

**Für 2 Glaskaraffen (à 1,5 l): 4 Teebeutel Earl-Grey-Tee, 1 Bio-Zitrone, 100 g Rohrzucker, 4 große Stängel Zitronenmelisse, 16–20 Eiswürfel, 1 l kaltes Mineralwasser**

**So geht's:** Teebeutel mit 800 ml kochend heißem Wasser übergießen und ca. 15 Minuten ziehen lassen, dann die Beutel entfernen. Zitrone heiß waschen, trocken reiben und in dünne Scheiben schneiden. Zusammen mit dem Zucker in den Tee geben und rühren, bis sich der Zucker aufgelöst hat. Auskühlen lassen, dann bis zum Servieren kalt stellen. Zitronenmelisse abbrausen, trocken schütteln und in die Glaskaraffen verteilen. Je 8–10 Eiswürfel und die Hälfte des Tees und der Zitronenscheiben in eine Karaffe geben und mit Mineralwasser auffüllen. Sofort servieren.

## VANILLE-APRIKOSEN-LASSI

**Für ca. 2 l Lassi: 800 g vollreife Aprikosen (am besten Zuckeraprikosen), 1,2 kg Naturjoghurt (1,5% Fett), Mark von 1 Vanilleschote, 2–3 Pck. Vanillezucker, 3 Prisen gem. Kardamom, Salz**

**So geht's:** Aprikosen waschen, halbieren und entsteinen. Joghurt, 400 ml eiskaltes Wasser, Aprikosen, Vanillemark, Vanillezucker, Kardamom und 2 Prisen Salz in einen Mixer geben und alles fein durchmixen. Vanille-Aprikosen-Lassi in Gläsern oder Karaffen servieren.

## GRANATAPFEL-CRODINO

**Für 8 Gläser (à 250 ml): 4 große Granatäpfel, 1 kleine Zitrone, 24–32 Eiswürfel, 8 Fläschchen Crodino (9,8 cl; ital. alkoholfreier Aperitif), Soda, Prosecco oder Weißwein (nach Belieben)**

**So geht's:** Granatäpfel halbieren und die Hälften auf einer Zitruspresse auspressen (Vorsicht, es spritzt!). Den Saft auf die Gläser verteilen. Die Zitrone heiß waschen, trocken reiben, längs achteln und in jedes Glas 1 Zitronenschnitz geben. Kalt stellen. Kurz vor dem Servieren je 3–4 Eiswürfel in die Gläser geben und mit je 1 Fläschchen Crodino aufgießen. Nach Belieben jeweils noch mit 1 Schuss Soda, Prosecco oder Weißwein aufpeppen.

## FROZEN BEEREN-MARGARITA

**Für 8 Gläser (à 200 ml): Saft von 4 großen Limetten, 400 g TK-Waldbeeren-Mischung, 300 ml weißer Tequila, 150 ml Orangenlikör (z. B. Cointreau), 30–40 Eiswürfel, 50–100 g Zucker**

**So geht's:** Limettensaft, Waldbeeren-Mischung, Tequila, Orangenlikör, Eiswürfel und Zucker in einen Mixer geben und alles fein durchmixen. In die Gläser füllen und sofort servieren. Wer möchte, kann die Glasränder vorher mit etwas Limettensaft anfeuchten und leicht in Zucker tauchen. Zuckerränder antrocknen lassen, bevor die Margarita eingefüllt wird.

## RHABARBER-BIER

**Für 12 Gläser (à 200 ml): 1 kg Rhabarber, 200 g Zucker, 1 Bio-Zitrone, 1,5 l kaltes Mineralwasser, 24–36 Eiswürfel, 240 ml Campari**

**So geht's:** Den Rhabarber waschen, putzen und in fingerdicke Scheiben schneiden. Die Zitrone waschen, trocken reiben und die Schale mit einem Sparschäler ohne das Weiße abschälen. Rhabarber und Zitronenschale mit ½ l Wasser und Zucker in einen Topf geben und zum Kochen bringen. Bei schwacher Hitze in 20 Minuten zu einem Sirup einkochen lassen. Durch ein Sieb gießen und abkühlen lassen. Rhabarber-Sirup mit Mineralwasser aufgießen. Eiswürfel und Campari auf die Gläser verteilen und mit Rhabarber-Wasser auffüllen.

## PFIRSICH-MELONEN-BOWLE

**Für ca. 3,5 l Bowle: 2 große Pfirsiche, 1 kleine Honig- oder Charentais-Melone, 100 g TK-Himbeeren (nach Belieben), 150 ml weißer Portwein, 100 ml Orangenlikör, 5 EL Zucker, 400 ml Ginger Ale, 1,2 l Weißwein**

**So geht's:** Pfirsiche waschen, entkernen, achteln und quer in dünne Scheiben schneiden. Die Melone halbieren und die Kerne entfernen. Das Fruchtfleisch mit einem Kugelausstecher herauslösen. Pfirsiche, Melone und nach Belieben TK-Beeren mit Portwein, Orangenlikör und Zucker in ein Bowlegefäß geben, gut verrühren. Abgedeckt über Nacht im Kühlschrank marinieren lassen. Kurz vor dem Servieren mit gekühltem Ginger Ale und Weißwein aufgießen. Cocktailgabeln dazu reichen.

# SÜSS & FRUCHTIG

## *Mini-Desserts zum Abschluss*

WAS IST EINE UNGLAUBLICHE VIELFALT AN PIKANTEN HÄPPCHEN OHNE ETWAS SÜSSES ZUM SCHLUSS? EBEN! DARUM GIBT ES HIER CREMIGES, EISKALTES, VERFÜHRERISCHES – FÜR JEDEN GESCHMACK IST ETWAS DABEI.

DAS IST *wirklich* WICHTIG

**[a] GELATINEBLÄTTER** müssen in kaltem Wasser eingeweicht werden. Das macht sie für die Weiterverwendung weich. Dafür die Blätter vollständig mit Wasser bedecken und mindestens 5 Minuten quellen lassen. Dann einzeln ausdrücken und weiterverarbeiten.

# MOHN-PANNA-COTTA
## *mit Aprikosenkompott*

DER NORDITALIENISCHE DESSERTKLASSIKER HIER EINMAL MIT EINEM HAUCH VON MOHN, STATT VANILLE. SEHR FEIN ZU DEM FRUCHTKOMPOTT AUS FRISCHEN APRIKOSEN.

**Zutaten für 6 Gläschen**

- 250 g Sahne
- 150 g Crème fraîche
- 2 gehäufte EL gem. Mohn
- 100 g Zucker
- 1 TL frisch gepresster Zitronensaft
- 2 Blatt weiße Gelatine
- 200 g Aprikosen
- 50 ml Weißwein
- 1 Pck. Vanillezucker

**besonderes Werkzeug**
- 6 Gläschen (à ca. 150 ml)

**Zeitbedarf**
- ca. 25 Minuten
- mind. 6 Stunden kühlen

**So geht's**

1. Für die Panna cotta die Sahne mit Crème fraîche, Mohn, 80 g Zucker und Zitronensaft in einem kleinen Topf verrühren. Unter Rühren langsam erhitzen, aber nicht kochen. Topf vom Herd nehmen und die Mohnmasse kurz ziehen lassen. Die Gelatine in Wasser einweichen **[→a]**, bis sie gebraucht wird.
2. Inzwischen für das Kompott die Aprikosen waschen, halbieren, entsteinen und in ca. 1 cm große Würfel schneiden. Mit Wein, 80 ml Wasser, übrigem Zucker und Vanillezucker in einen kleinen Topf geben und aufkochen. Bei mittlerer Hitze ca. 1 Minute köcheln lassen, sodass die Aprikosen weich werden, aber noch Biss haben, dann vom Herd nehmen und abkühlen lassen. Abgedeckt bis zum Servieren kalt stellen.
3. Die Sahne-Mohn-Mischung noch mal erwärmen. Die ausgedrückten Gelatineblätter unter die warme Mischung rühren, bis sie sich darin aufgelöst haben. Die Panna cotta nicht zu hoch in die Gläschen füllen, damit auf der Creme noch ausreichend Platz für das Kompott ist, und auskühlen lassen. Dann gut abdecken und im Kühlschrank in mindestens 6 Stunde fest werden lassen. Vor dem Servieren auf jede Panna cotta etwas Aprikosenkompott verteilen.

**ANRICHTEN |** STATT IN DESSERTGLÄSCHEN **können Sie die Mohn-Panna-Cotta mit dem Kompott z. B. auch in kleine Kaffeetassen füllen. Und damit das Dessert auf dem Häppchen-Buffet bis zum Schluss kühl bleibt, die Gläschen oder Tassen auf Crushed-Ice stellen.**

# WEISSE SCHOKOMOUSSE
## *mit Macadamia-Krokant*

DER KROSSE NUSSKROKANT IST DER PERFEKTE KONTRAST ZU DER LUFTIG-LEICHTEN MOUSSE. SCHÖNER KANN EIN HÄPPCHEN-ABSCHLUSS NICHT SEIN.

### Zutaten für 6 Gläschen

- 1 Vanilleschote
- 200 g weiße Schokolade
- 200 g Crème fraîche
- 2 EL weißer Portwein oder Sherry (ersatzweise Birnensaft)
- 100 g Sahne
- 50 g geröstete, gesalzene Macadamia
- 50 g Zucker

### besonderes Werkzeug

- 6 Gläschen (à ca. 150 ml)

### Zeitbedarf

- 30 Minuten
- mind. 1 Stunde kühlen

### So geht's

1. Für die Mousse die Vanilleschote der Länge nach aufschneiden und das Mark herauskratzen (s. Seite 126/127). Die Schokolade in kleine Stücke brechen und mit Vanillemark, Crème fraîche und Portwein oder Sherry in einen kleinen Topf geben. Alles vorsichtig bei schwacher Hitze unter Rühren erwärmen, bis die Schokolade geschmolzen und die Masse glatt und cremig ist. Die Schokomasse darf keinesfalls zu heiß werden oder sogar kochen, da sie sonst klumpig wird.
2. Die Schokomasse in eine große Metallschüssel füllen und diese in eiskaltes Wasser stellen. Die Masse immer wieder durchrühren, bis sie abgekühlt ist.
3. Die Sahne steif schlagen und locker mit dem Schneebesen unter die abgekühlte Schokomasse heben. Die Mousse in 6 Förmchen, Tassen etc. füllen, mit Klarsichtfolie abdecken und im Kühlschrank in mindestens 1 Stunde fest werden lassen.
4. Für den Krokant die Macadamia grob hacken. Den Zucker in einer großen beschichteten Pfanne karamellisieren lassen **[→a]**. Die Nüsse gleichmäßig unter den Karamell rühren und sofort dünn auf Backpapier verteilen. Den erkalteten und harten Krokant grob hacken und auf das Schokomousse streuen.

**ANRICHTEN |** KLEINE BACKFORMEN, **wie sie z. B. zum Backen für Brioches verwendet werden, haben so eine schöne Form, dass Sie darin durchaus auch Desserts servieren können. Die Förmchen zusätzlich auf Untertassen oder kleine Teller stellen und mit einem Spitzenband dekorieren.**

DAS IST *wirklich* WICHTIG

**[a] KARAMELL ZUBEREITEN** Den Zucker in einer gleichmäßig dünnen Schicht in eine große Pfanne streuen, dabei die Herdplatte zwischen schwacher und mittlerer Hitze einstellen. So kann der Zucker gleichmäßig schmelzen und karamellisieren. Dabei nicht umrühren! Haben Sie Geduld, bis der Zucker erst schmilzt und dann goldbraun wird. Und behalten Sie den Zucker immer im Blick, er brennt leicht an.

[a]

[a]

DAS IST *wirklich* WICHTIG

**[a] VANILLESCHOTE AUSKRATZEN**

Die Schote auf die Arbeitsfläche legen und mit dem Messergriff etwas klopfen, sodass die Schote breiter und weicher wird. Beide Enden abschneiden und die Schote der Länge nach halbieren. Jetzt mit dem Messerrücken auf den Innenseiten der Schotenhälften mit Druck entlangfahren und das Mark herauskratzen.

# BEEREN-PAVLOVA
## *mit Mascarpone*

DIESES GESCHICHTETE HÄPPCHEN-DESSERT IST AN DIE PAVLOVA-BAISER-TORTE ANGELEHNT, DIE NACH DER RUSSISCHEN BALLERINA ANNA PAWLOWA BENANNT WURDE.

**Zutaten für 8 Gläschen**

- 350 g gemischte kleine Beeren (z. B. Himbeeren, Heidelbeeren, Brombeeren, Walderdbeeren)
- 5 Pck. Vanillezucker
- 100 g Baiser (Gebäckregal)
- 1 Vanilleschote
- 2 EL roter Portwein oder Sherry (ersatzweise roter Beerensaft oder Kirschsaft)
- 250 g Mascarpone
- 200 g Sahne

**besonderes Werkzeug**
- 8 Gläschen (à ca. 250 ml)

**Zeitbedarf**
- ca. 20 Minuten
- mind. 1 Stunde kühlen

**So geht's**

1. Die Beeren verlesen und, falls nötig, vorsichtig abbrausen, abtropfen lassen und putzen. Ein Drittel der Beeren in eine flache Schüssel geben und mit einer Gabel zerdrücken, sodass ein leicht flüssiges, grobes Mus entsteht. Die restlichen ganzen Beeren mit 3 Päckchen Vanillezucker gründlich unter die zerkleinerten Beeren mischen.
2. Das Baiser mit den Fingern grob zerkrümeln, die Hälfte davon für die Deko beiseitestellen.
3. Die Vanilleschote auskratzen [→a]. Vanillemark, übrigen Vanillezucker, Portwein oder Sherry, Mascarpone und Sahne in eine hohe Rührschüssel geben. Alles mit den Quirlen des Handrührgeräts in ca. 2 Minuten steif schlagen, eine Hälfte des Baisers unterheben.
4. Die Hälfte der Mascarponecreme in 8 Gläschen verteilen, die Hälfte der Beeren daraufgeben. Übrige Creme und zum Schluss restliche Beeren darüberschichten. Die Beeren-Pavlovas gut abgedeckt mindestens 1 Stunde in den Kühlschrank stellen. Vor dem Servieren die Desserts mit den Baiserbröseln für die Deko bestreuen.

**ANRICHTEN |** KLEINE DESSERTLÖFFELCHEN **gibt es in vielen unterschiedlichen Farben und Materialien. Befestigen Sie z. B. an jedem Gläschen einen Löffel mit buntem Klebeband. Das ist praktisch für den Gast und gleichzeitig auch noch dekorativ.**

# MINI-TARTE-TATIN

## *mit Quitten*

TYPISCH FÜR DIE TARTE TATIN IST DER FEINE KARAMELLGESCHMACK UND DIE UNGLAUBLICHE FRUCHTIGKEIT, DIE HIER STATT ÄPFEL EINMAL QUITTEN LIEFERN.

### Zutaten für 8 Stück

- 8 quadratische TK-Blätterteigplatten (ca. 12 x 12 cm; ca. 370 g)
- 4 Quitten (ca. 800 g)
- Saft von 1 Zitrone
- 4 EL Quittenbrand (ersatzweise Rum oder Apfelsaft)
- Butter für die Förmchen
- 150 g Zucker
- 100 g Butter

### besonderes Werkzeug

- Tartelette-Förmchen (ca. 10 cm Ø, mit glattem Rand, am besten beschichtet)

### Zeitbedarf

- ca. 25 Minuten
- 10 – 12 Minuten backen

### So geht's

1. Blätterteigplatten nebeneinanderlegen und auftauen lassen. Die Quitten vorbereiten. Dafür den zarten Flaum mit Küchenpapier abreiben. Die Früchte waschen, vierteln und schälen. Die Viertel mit der Schalenseite nach unten auf die Arbeitsfläche setzen und das Kerngehäuse mit zwei schrägen Schnitten herausschneiden. Die Viertel in ca. 1 cm dicke Spalten schneiden. Mit Zitronensaft und Quittenbrand mischen.
2. Backofen auf 220 °C (Ober- und Unterhitze; Umluft 200 °C) vorheizen. Aus dem Blätterteig Kreise zurechtschneiden **[→a]**. Die Förmchen dünn mit Butter einfetten.
3. Den Zucker gleichmäßig dünn in eine große Pfanne streuen und bei schwacher bis mittlerer Hitze karamellisieren lassen (s. Seite 124/125). Die Quitten samt angesammeltem Saft und mit der Butter in kleinen Flöckchen dazugeben. Quitten ca. 5 Minuten garen, bis der Karamell wieder geschmolzen ist, dabei ab und zu umrühren. Die Quitten samt Karamell auf den Förmchenböden verteilen.
4. Je einen Blätterteigkreis auf ein befülltes Förmchen legen, ganz leicht andrücken und die Oberfläche mit einer Gabel mehrmals einstechen. Förmchen auf ein mit Backpapier ausgelegtes Blech stellen und im Ofen (Mitte) 10 – 12 Minuten backen. Herausnehmen, Tartes leicht beschweren (z. B. mit einem Holzbrett) und etwas abkühlen lassen. Die Mini-Tarte-Tatins schmecken lauwarm oder ganz abgekühlt.

**ANRICHTEN |** UND DAZU **Mini-Tarte-Tatins auf Untertassen oder kleine Teller stürzen und Kuchengabeln dazu reichen. Nach Belieben mit halbsteif geschlagener Vanillesahne oder mit Vanilleeis servieren.**

[a]

DAS IST *wirklich* WICHTIG

**[a] BLÄTTERTEIG ZUSCHNEIDEN**
In jede Blätterteigplatte den Umriss eines Förmchens eindrücken. Dann mit einem Messer runde Teigkreise – 1 – 2 cm größer als der eingedrückte Kreis – ausschneiden.

# VANILLEPARFAIT
## *mit Heidelbeeren*

HALBGEFRORENES WIRD NICHT WIE EIS UNTER RÜHREN GEFROREN. LEICHT ANGETAUT ZERGEHT ES ABER GENAUSO CREMIG AUF DER ZUNGE.

**Zutaten für 10 Gläschen**

- 300 g Heidelbeeren
- 50 ml weißer Portwein
- 200 g Zucker
- 50 g Baiser (Gebäckregal)
- 2 Vanilleschoten
- 4 Eier (Größe M)
- Salz
- 200 g Sahne
- 1 Handvoll Mandelblättchen

**besonders Werkzeug**
- 10 Dessertgläschen (à ca. 300 ml)

**Zeitbedarf**
- ca. 25 Minuten
- 5–6 Stunden gefrieren

**So geht's**

1. Heidelbeeren verlesen, abbrausen und abtropfen lassen. Mit Wein und 100 g Zucker in einen kleinen Topf geben, aufkochen und bei mittlerer Hitze 1–2 Minuten unter Rühren kochen lassen. Die Beeren mit einer Gabel leicht andrücken. Dann in eine Schüssel umfüllen, diese in eiskaltes Wasser stellen und die Heidelbeeren so abkühlen lassen, dabei ab und zu umrühren.
2. Inzwischen das Baiser mit den Händen grob zerbröseln. Die Vanilleschoten längs aufschlitzen und das Mark herauskratzen (s. Seite 126/127). Eier trennen. Eiweiße mit 1 Prise Salz steif schlagen. Die Sahne ebenfalls steif schlagen. Eigelbe mit übrigem Zucker und Vanillemark mit den Quirlen des Handrührgeräts dick- und hellschaumig rühren. Nacheinander Sahne, Eischnee und die Baiserbrösel unterheben.
3. Die Parfaitmasse in 10 Dessertgläschen verteilen. In die Mitte der Parfaitmasse jeweils etwas von der Heidelbeermasse setzen und mit einem Löffelstiel spiralförmig oder im Zickzack durch die Beerenmasse fahren, sodass eine schöne Marmorierung entsteht. Gut abgedeckt im Tiefkühlfach in 5–6 Stunden gefrieren lassen.
4. Kurz vor dem Servieren Mandelblättchen ohne Fett in einer großen Pfanne goldbraun rösten, mit Puderzucker bestäuben und karamellisieren lassen. Parfait zum Antauen 10–15 Minuten vor dem Servieren aus dem Tiefkühlfach nehmen, dann mit den Mandeln bestreuen. Dessertlöffel dazu reichen.

**DEKORATION |** BÄNDER UND SCHLEIFEN **Um die Dessertgläschen mit einem farblich passenden Band eine große Schleifen knoten, dabei einen Dessertlöffel mit einbinden.**

# MANGOSORBET
## *im Schaumweinbad*

DESSERT UND DIGESTIFE IN EINEM: DIESES FRUCHTIGE SORBET WIRD MIT SCHAUMWEIN AUFGEGOSSEN, UM DANN GENÜSSLICH GETRUNKEN ZU WERDEN.

**Zutaten für 10 Sektgläser**

- ½ Bio-Orange
- 150 g Zucker
- 1 vollreife Mango (ca. 500 g)
- 200–250 ml Schaumwein (z. B. Prosecco, Crémant, Sekt, Cava)
- einige Minze- oder Melisseblättchen zum Garnieren

**besonderes Werkzeug**
- Pürierstab
- 10 Sektgläser
- 10 Strohhalme

**Zeitbedarf**
- ca. 25 Minuten
- 5 Stunden gefrieren

**So geht's**

1. Die Orange heiß waschen und trocken reiben, 1 Stück Schale (5–6 cm) ohne das Weiße dünn abschneiden oder mit einem Sparschäler abschälen.
2. Zucker mit ⅛ l Wasser und der Orangenschale in einen kleinen Topf geben. Alles unter Rühren aufkochen, bis sich der Zucker aufgelöst hat. Den Topf vom Herd nehmen, in eiskaltes Wasser stellen und so den Sirup auskühlen lassen.
3. Inzwischen die Mango schälen und das Fruchtfleisch in groben Stücken vom Kern schneiden. Den Saft der Orangenhälfte auspressen und mit dem Mangofruchtfleisch in einen hohen Rührbecher geben, den Zuckersirup dazugießen. Orangenschale zuvor entfernen. Alles mit dem Pürierstab sehr fein pürieren.
4. Das Mangopüree in eine flache Schüssel geben und glatt verstreichen. Gut abgedeckt im Tiefkühlfach in ca. 5 Stunden gefrieren lassen. Währenddessen das Püree alle 30 Minuten mit einer Gabel kräftig durchrühren, damit sich keine großen Eiskristalle bilden und das Sorbet schön cremig wird.
5. Kurz vor dem Servieren mit einem Esslöffel „Locken" von dem Sorbet abziehen und auf 10 Sektgläser verteilen. Mit Schaumwein aufgießen und mit Kräuterblättchen garnieren. Strohhalme in die Gläser stecken.

DAS IST *wirklich* WICHTIG

**[a] KÄSECREME VERTEILEN** Damit sich die Käsecreme nicht mit den Kirschen vermischt und sich verfärbt, die Creme erst esslöffelweise in kleinen Häufchen auf die Kirschen setzen, dann vorsichtig glatt verstreichen.

[a]

# KIRSCH-RAHM-ECKEN *mit Marzipan*

EIN WENIG ERINNERN DIESE RAHMECKEN AN TIRAMISU, DENN DER BODEN AUS BUTTERKEKSEN ZIEHT SAFTIG DURCH UND DER BELAG IST WUNDERBAR CREMIG.

**Zutaten für 16 Stück**

- 5 Blatt weiße Gelatine
- 1 Glas Sauerkirschen (680 g Füllmenge)
- 100 g Zucker
- 150 g Butterkekse
- 3 EL Butter
- 80 g Marzipanrohmasse
- 200 g Crème fraîche
- 300 g Doppelrahm-Frischkäse
- Saft von 1 Zitrone

**besonderes Werkzeug**

- Pürierstab
- quadratische Backform (24 x 24 cm; mit herausnehmbarem Boden)

**Zeitbedarf**

- ca. 30 Minuten
- mind. 12 Stunden kühlen

**So geht's**

1. Gelatine in kaltem Wasser einweichen. Die Kirschen in ein Sieb geben, dabei den Saft auffangen. Ein Drittel der Kirschen in einer Schüssel grob pürieren.
2. In einem kleinen Topf 6–8 EL Kirschsaft mit 50 g Zucker unter Rühren erwärmen, bis sich der Zucker aufgelöst hat. 4 Blatt Gelatine ausdrücken und im warmen Saft unter Rühren auflösen lassen. Etwas kalten Kirschsaft einrühren, dann erst mit dem restlichen Saft und den pürierten und ganzen Kirschen in der Schüssel mischen. Die Schüssel ins Tiefkühlfach stellen.
3. Die Kekse in einen Gefrierbeutel füllen, Luft ausstreichen, den Beutel verschließen und die Kekse mit einem Nudelholze fein zerkrümeln. Butter in einer großen Pfanne zerlassen und die Brösel darin unter Rühren kurz anrösten. Auf dem Boden der Backform verteilen und festdrücken. Das Marzipan in möglichst dünne Scheiben schneiden und nebeneinander auf die Brösel legen.
4. In einem Topf 2 EL Crème fraîche unter Rühren erhitzen, übriges Gelatineblatt ausdrücken und in der Creme auflösen. Etwas kalte Crème fraîche einrühren, dann mit der restlichen Crème fraîche, Frischkäse, übrigem Zucker und Zitronensaft glatt rühren.
5. Die Kirschmasse samt Saft gleichmäßig in der Form verteilen. Die Käsecreme daraufgeben und glatt streichen **[→a]**. Gut abgedeckt im Kühlschrank in mindestens 12 Stunden (am besten über Nacht) durchziehen und fest werden lassen. Kurz vor dem Servieren Kuchen aus der Form lösen.

**ANRICHTEN |** SCHÖNE UNTERLAGE **Kirsch-Rahm-Kuchen in 16 gleich große Häppchen schneiden. Kleine Teller oder Untertassen z. B. mit Tortenspitzen oder glatt gestrichenen Papier-Muffinförmchen auslegen und die Kirsch-Rahm-Ecken daraufsetzen.**

# SCHOKOTRAUM
## *aus dem Ofen*

ÜPPIG MIT SCHOKOLADE BESTÜCKT UND NICHT ZU LANGE IM OFEN GEBACKEN – DAS IST DAS GEHEIMNIS DIESER KÖSTLICHEN KLEINIGKEIT.

**Zutaten für 8 Häppchen**

- 150 g Zartbitterschokolade (50 % Kakaoanteil)
- 100 g Butter
- 100 g gem. Mandeln
- 1 EL Semmelbrösel
- 80 g Zucker
- 4 Pck. Vanillezucker
- 4 Eier (Größe M)
- Salz
- 200 g Sahne
- Kakao zum Bestäuben

**besonderes Werkzeug**

- 8 ofenfeste Portionsförmchen (à ca. 150 ml)

**Zeitbedarf**

- ca. 20 Minuten
- mind. 1 Stunde kühlen
- 20 – 25 Minute backen

**So geht's**

1. Die Schokolade in Stücke brechen und zusammen mit der Butter in Flöckchen in einem kleinen Topf bei schwacher Hitze schmelzen lassen, dabei gelegentlich umrühren. Topf vom Herd nehmen. Mandeln, Semmelbrösel, Zucker, 2 Päckchen Vanillezucker, Eier und 1 Prise Salz mit den Quirlen des Handrührgeräts unter die geschmolzene Schokolade rühren.
2. Die Schokomasse ca. 2 cm hoch in die Förmchen füllen, gut abdecken und mindestens 1 Stunde in den Kühlschrank stellen (geht auch über Nacht).
3. Vor dem Servieren den Backofen auf 150 °C (Ober- und Unterhitze; Umluft 160 °C) vorheizen. Die Förmchen in den Ofen (Mitte) stellen und 20 – 25 Minuten backen, bis die äußere Schicht durchgebacken, das Innere aber noch weich und fast flüssig ist.
4. Schokotraum in den Förmchen lauwarm abkühlen lassen. Dann die Sahne mit dem übrigen Vanillezucker halbsteif schlagen, auf den Törtchen verteilen und mit Kakao bestäuben.

**DEKORIEREN |** BÄNDCHEN AUS SPITZE **oder andere Stoffbänder um die Portionsförmchen binden. Nach Belieben kann auch noch ein Dessertlöffel mit eingebunden werden.**

# SÜSSES ENDE
## *extraschnell gemacht*

EIN „RICHTIGES" DESSERT IST GAR NICHT IMMER NÖTIG: MIT KLEINEN KNABBEREIEN KANN MAN DEN WUNSCH NACH SÜSSEM EBENSO GUT STILLEN. UND DAS SOGAR OHNE GROSSEN AUFWAND.

Diese Kekse sind innerhalb kürzester Zeit gebacken – der Teig ist ruckzuck angerührt und im Handumdrehen im Ofen. Den Backofen für alle Sorten auf 180 °C (Ober- und Unterhitze; Umluft 160 °C) vorheizen, die Kekse auf mit Backpapier ausgelegten Blechen in der Mitte des Ofens backen. Dann müssen sie nur noch auskühlen, bevor sie genüsslich verspeist werden können. Also am besten gleich loslegen!

### PEKANNUSS-BISCOTTI

**Für ca. 35 Stück: 100 g Pekannusskerne (ersatzweise Walnüsse), 200 g weiche Butter, 100 g Zucker, Salz, 1 TL fein abgeriebene Bio-Orangenschale, 200 g Mehl**

**So geht's:** Nüsse grob hacken. Butter mit Zucker, 1 Prise Salz und Orangenschale mit den Quirlen des Handrührgeräts cremig rühren. Das Mehl und die Nüsse dazugeben und rasch unterrühren. Teig nach und nach mit den Händen grob zu Kugeln (ca. 2 cm Ø) formen und mit ausreichend Abstand auf zwei Backbleche setzen. Die Kugeln etwas flacher drücken und nach Belieben oval oder rund formen. Nacheinander im Ofen in 12–15 Minuten goldbraun backen. Ausgekühlt mit etwas Puderzucker bestäuben.

## ZIMT-ZUCKER-TALER

**Für ca. 30 Stück: 150 g (Roh-)Rohrzucker, 2 TL Zimtpulver, 150 g weiche Butter, Salz, 1 zimmerwarmes Ei (Größe M), 1 EL Amaretto oder Grappa, 200 g Mehl, 1 TL Backpulver**

**So geht's:** 50 g Zucker und 1 TL Zimtpulver in einem tiefen Teller mischen. Butter mit restlichem Zucker und 1 Prise Salz mit den Quirlen des Handrührgeräts cremig rühren. Das Ei und den Amaretto oder Grappa dazugeben und unterrühren. Mehl, Backpulver und restliches Zimtpulver vermischen und rasch mit einem Koch- oder Backlöffel unter die cremige Masse arbeiten. Teig nach und nach mit den Händen zu Kugeln (ca. 3 cm Ø) formen und im Zimtzucker wälzen. Die Kugeln mit ausreichend Abstand auf zwei Backbleche setzen, auf ca. 1 cm Höhe flach drücken. Nacheinander im Ofen in 11–13 Minuten goldbraun backen.

## KOKOS-SCHOKO-COOKIES XXL

**Für ca. 20–30 Stück: 100 g Vollmilch-, Zartbitter- oder weiße Schokolade, 100 g Mehl, ½ TL Backpulver, 100 g Kokosraspel, 100 g weiche Butter, 100 g Zucker, Salz, 1 zimmerwarmes Ei (Größe M)**

**So geht's:** Schokolade grob hacken und mit Mehl, Backpulver und Kokosraspeln vermischen. Butter mit Zucker und 1 Prise Salz mit den Quirlen des Handrührgeräts cremig rühren. Das Ei dazugeben und unterrühren. Dann die Mehlmischung rasch mit einem Koch- oder Backlöffel unter die cremige Masse arbeiten. Nach und nach mit zwei Teelöffeln etwas Teig abnehmen und mit ausreichend Abstand als walnussgroße Häufchen (ca. 3–4 cm Ø) auf zwei Backbleche setzen, etwas flacher drücken. Nacheinander im Ofen (Mitte) in 10–12 Minuten goldbraun backen.

## NUSS-MIX-KROKANT

**Für ca. 14 Stück: 200 g gemischte Nusskerne (z. B. Haselnüsse, Mandeln, Cashewnüsse, Walnüsse, Macadamianüsse, Paranüsse), 1 Eiweiß (Größe M), 50 g Zucker, 1 Pck. Vanillezucker, Salz**

**So geht's:** Nüsse ganz grob hacken. Eiweiß, Zucker, Vanillezucker und 1 Prise Salz mit einem Schneebesen leicht schaumig schlagen. Die Nüsse untermischen, sodass sie gleichmäßig mit der Eiweiß-Zucker-Masse überzogen sind. Die Mischung auf einem Backblech gleichmäßig zu einer Fläche von ca. 16 x 20 cm ausstreichen. Im Ofen in 15–20 Minuten goldbraun backen. Herausnehmen und abkühlen lassen, dann in mundgerechte Stücke brechen.

# REZEPTREGISTER

## P



## Q



## R



## S



## T



## V



## W



## Z

# THEMENREGISTER

## HÄPPCHEN MIT FISCH & MEERESFRÜCHTEN



## HÄPPCHEN MIT FLEISCH



## VEGETARISCHE HÄPPCHEN



## WARME HÄPPCHEN

### KALTE HÄPPCHEN

# ZUSAMMEN FEIERN

Dagmar Reichel
**Kaffeeklatsch**
144 Seiten, 138 Abbildungen, €/D 14,95

Das Buch lädt dazu ein, den Kaffeeklatsch so richtig gekonnt zu zelebrieren. Liebevolle Ideen für schön gestaltete Einladungen, stilvolle Tischdekorationen und ein stimmungsvolles Ambiente. Geliebte Kuchenklassiker und moderne Trends wie Cake-Pops werden die Gäste begeistern.

Regine Stroner
**Fruchtige Drinks**
144 Seiten, 120 Abbildungen, €/D 14,95

Gesunder Genuss liegt im Trend – nicht nur auf dem Teller, sondern auch im Glas. Früchte, Gemüse und Kräuter sind die ideale Basis für köstliche Erfrischungen: cremige Smoothies, leichte Sommerbowlen, feine Limonaden und Eistees, coole Shakes mit Milch & Joghurt und raffinierte Fruchtcocktails.

# AKTEURE

**Christina Kempe** war nach dem Studium der Ernährung und Hauswirtschaft in zahlreichen namhaften Verlagen, Fotostudios und in einer Food-PR-Agentur tätig. Seit etlichen Jahren arbeitet sie in ihrem Münchner Redaktionsbüro als freie Autorin sowie als Redakteurin und Setzerin/Gestalterin (DTP) für renommierte Buch- und Zeitschriftenverlage. Als Foodstylistin zeigt sie, was außerdem an Kreativität in ihr steckt. Von ihr sind zahlreiche Bücher zu den unterschiedlichsten Themen erschienen. Das Besondere ihrer Rezepte ist, dass sie einfach zuzubereiten sind und gleichzeitig optisch und geschmacklich etwas hermachen.

**Anne Rogge** und **Jan Jankovic** sind Diplom-Fotodesigner aus Düsseldorf. Gemeinsam führen sie das Fotostudio Rogge & Jankovic Fotografen mit den Schwerpunkten Food, Stills und Places. Für ihr Kochbuch „Herbst Winter Gemüse“, ebenfalls im KOSMOS Verlag erschienen, wurden Anne Rogge 2008 in der Kategorie Fotografie mit dem Gourmand Cookbook Award ausgezeichnet. Gemeinsam haben sie für dieses Kochbuch die feinen Häppchen in das richtige Licht gerückt. Die kreativen Verpackungsideen und das Foodstyling stammen ebenfalls aus der Hand dieses vielseitigen Teams.

# IMPRESSUM

Mit 103 Farbfotos von Rogge & Jankovic Fotografen

Umschlaggestaltung von Gramisci Editoraldesign, München, unter Verwendung zweier Fotos von Rogge & Jankovic Fotografen.

Rezepte, Geling-Tipps, Infos zum KOSMOS-Kochbuch-Programm und vieles mehr unter **kosmos.de/gut-gekocht**

Unser gesamtes lieferbares Programm und viele weitere Informationen zu unseren Büchern, Spielen, Experimentierkästen, DVDs, Autoren und Aktivitäten finden Sie unter **kosmos.de**

Gedruckt auf chlorfrei gebleichtem Papier


ISBN 978-3-440-13005-6
Projektleitung & Lektorat: Stephanie Schönemann
Gestaltungskonzept und Layout:
Gramisci Editorialdesign, München
Satz: Cordula Schaaf, Grafik Design, München
Produktion: Eva Schmidt
Printed in Germany / Imprimé en Allemagne

FSC www.fsc.org MIX Papier aus verantwortungsvollen Quellen FSC® C004592